西北师范大学外国语言文学文库

甘肃省大学外语教学研究会大学外语教学与研究文库

霍应人的生平与著译

张宝林　尹雯　王林琳　编著

民族出版社

前　言

　　无论是查阅全面抗战时期武汉和重庆开展文化抗战的相关史料，还是品读刘尊棋、阳翰笙、王益、王琦等社会文化名人有关革命时代的回忆性文字，无论是考察 20 世纪 30 年代以来中国的世界语运动史和文字改革史，还是梳理苏俄文学和阿拉伯文学在中国的译介史，我们时不时会看到"霍应人"这个名字。由此至少可以看出，霍应人在中国现代文化史上也算一个留下足迹并产生影响的角色。正因如此，其人其事经常被写进各种辞书。笔者仅就手头收录了霍应人词条的辞书，按照出版时间顺序，做一简要整理。

　　第 1 条：《中国文学家辞典》编委会主编《中国文学家辞典》现代第 4 分册，四川文艺出版社 1985 年版第 607-608 页。

　　第 2 条：李盛平主编《中国近现代人名大辞典》，中国国际广播出版社 1989 年版第 745 页。

　　第 3 条：王乃庄、王德树主编《中华人民共和国人物辞典》，中国经济出版社 1989 年版第 576 页。

　　第 4 条：马学新主编《上海文化源流辞典》，上海社会科学院出版社 1992 年版第 710 页。

　　第 5 条：张国风、潘平主编《中华文化名人录》，中国青年出版社 1993 年版第 1246-1247 页。

第6条：陈建初、吴泽顺主编《中国语言学人名大辞典》，岳麓书社1997年版第679页。

第7条：林煌天主编《中国翻译词典》，湖北教育出版社1997年版第308页。

第8条：丁天顺、许冰主编《山西近现代人物辞典》，山西古籍出版社1999年版第536页。

第9条：陈玉堂主编《中国近现代人物名号大辞典》，浙江古籍出版社2005年版第966页。

第10条：王荣华主编《上海大辞典》，上海辞典出版社2007年版第2044页。

这几部辞书均不同程度提及霍应人的生卒年月、原籍、出生地、笔名、求学经历、入狱经过、工作经历、著译成就等，基本勾勒出了他的生平轨迹和文化贡献，为我们了解和研究他提供了诸多便利。遗憾的是，它们提供的部分信息不够准确，对一些重要环节的描述也含糊不清。笔者择其要者，整理如下：

一、新中国成立后（或"1949年后"，或"建国后"，或"解放后"，或"第一次文代会之后"）赴甘肃师范大学任教。除第6、8条，其余均有此说法。

二、"文化大革命"中被污蔑为"叛徒"，1976年10月得以平反昭雪。第1、2、10条有此说法。

三、1936年起致力于苏联文学研究和翻译。除第8条，其余均有此说法。

四、译作有《沙鸥的大卫》（或《沙欧的大卫》）。除第8条，其余均有此说法。

五、译作有诗歌《祖国》。第1、4、6、7、8条均有此说法。

六、与周萍合编《世界语辞典》（或《世界语词典》）。除第

5、6、7条，其余均有此说法。

上述这些提法，据笔者考证，均存在一定疏漏。

第一，霍应人 1962 年 6 月才调入甘肃师范大学任教。在此之前，他还有在中央人民政府新闻总署国际新闻局（后改为外文出版社）、中国科学院文学研究所、兰州艺术学院等机构长达 12 年的工作经历。

第二，霍应人的平反时间并非 1976 年 10 月（"文化大革命"结束的时间）。1978 年 9 月 8 日，甘肃师范大学校党委常委会才做出为霍应人平反的决定，1979 年 3 月 29 日正式发布《关于霍应人政治历史问题的复查结论》，明确肯定了他的贡献。

第三，据霍应人自述，他 1936 年起"开始埋头学习俄语，搞通了俄文的基本文法"，"大部分时间学习俄文，希望学好俄文能到苏联去"。[①] 显然，1936 年时他尚不具备直接开展"苏联文学研究和翻译"的能力。据笔者掌握的资料，他迟至 1940 年才开始大量发表苏联文学译文和研究文章。

第四，霍应人翻译的亚美尼亚民族史诗出版过两个单行本（桂林萤社 1942 年节译本，人民文学出版社 1957 年全译本），但书名均为《沙逊的大卫》，非《沙鸥的大卫》或《沙欧的大卫》。

第五，霍应人从未翻译名为《祖国》的诗歌，但他在《译文》1957 年第 11、12 号合刊（苏联文学专号）发表了译诗《致祖国》，原作者为乌克兰诗人格·萨里扬。

第六，霍应人与他人合编的"世界语辞典"名为《现代中义世界语辞典》，合编者为周庄萍，而非周萍；还有一位合编者，

---

① 本书凡引自西北师范大学档案馆藏"霍应人档案"的文字，不再一一作注。

名为郑竹逸。这二人也是中国世界语运动史上颇有影响的人物。

除了上述一些细节性的错讹或不确，更为关键的是，各辞书因篇幅有限，且各有侧重，未能较为全面地呈现出霍应人的人生轨迹和主要著译贡献。这自然不利于对他形成整体的认知。

霍应人的人生历程不算长，但大致可分为七个阶段：一是少年时光和在山西孝义县、太原平民中学、北平师范大学附属中学求学的早期阶段；二是因参与抗日宣传被捕入狱及出狱阶段；三是1933年出狱之后到上海求学和参与世界语运动、拉丁化新文字推广阶段；四是抗日战争全面爆发之后，在武汉、重庆供职于国民政府军事委员会政治部第三厅、文化工作委员会和中苏文化协会阶段；五是抗日战争胜利之后在南京苏联大使馆供职阶段；六是新中国成立后在北京任职于新闻总署国际新闻局（后改为外文出版社）、中国科学院文学研究所阶段；七是调任兰州艺术学院、甘肃师范大学直至逝世这一阶段。

总体来看，霍应人的贡献主要在四个方面。一是从事拉丁化新文字推广。除发表《中国语书法拉丁化方案之介绍》《中国文字拼音化与中国统一语》等文章，编写《拉丁化检字》等工具书，还编写了《各国的故事》等拉丁化新文字读本。二是参与世界语运动。除编写《现代中文世界语辞典》《世界语分类词典》等辞书，参与《中国报导》等世界语刊物的编辑出版工作，还致力于搜集整理世界语歌曲，从事将中文歌曲译为世界语等其他工作。三是从事翻译工作。他的译作大部分是文学作品，除代表性译作《沙逊的大卫》，他还在《译文》《文艺阵地》等刊物发表了不少其他文学译作。另外，他还发表或出版过其他方面的译作，代表性的有《论美国在太平洋上的侵略》，出过单行本。四是从事苏俄文学和阿拉伯文学研究、中外文书刊介绍工作。因此，对于这样一位因各种历史原因和个人原因而以悲剧收场的重要人物，我们确有必要梳理他的生平轨迹、整理他的著译成果。

霍应人的人生是在甘肃师范大学（1981 年更名为西北师范学院，1988 年更名为西北师范大学）谢幕的。西北师范大学档案馆保存了他的部分档案资料，其中包括多份履历表、自传、自我检查、组织鉴定以及调查、处分、平反等原始文献。阅读这些档案，并参阅其他相关资料，我们大致可以梳理出霍应人的人生轨迹和著译生涯。

正是利用在西北师范大学工作这一便利，加之考虑到相关的必要性，笔者不揣浅陋，编撰本书，以供相关研究者参考。需要说明的是，为尊重逝者以及相关人员，笔者在述及霍应人因"生活作风"问题而屡遭批判和处分时，仅一笔带过，尽管档案里保存的这方面的材料非常丰富。

本书包括两编。上编为霍应人生平和著译简史。下编分五辑整理了霍应人的中文著译成果。

目　录

上编　霍应人生平与著译简史

下编　霍应人著译选粹

霍应人生平与著译简史

霍应人生于 1912 年，卒于 1971 年，原籍为山西孝义县，生于河北威县，原名为霍如棠，后改名霍非和霍应人，曾使用徐文、亚克、JAK 等笔名。方便起见，本编以他人生的七个阶段为基准，以时间为线索，梳理他的人生轨迹和著译历程，试图还原他的文学和文化贡献，揭示他的个人际遇与时代和社会的互动关系。需要说明的是，本编旨在呈现相关材料，不做过多评判。

青少年时段

1912 年，霍应人出生于河北威县。其时，父亲在此经商，因原配妻子无法生育，娶了二房。母亲先后生了长子霍如梅（后改名霍君复）和次子霍应人（原名霍如棠）。

1915 年，霍应人生母去世，父亲便将兄弟二人送回原籍山西孝义县，交由嫡母抚养。嫡母因对父亲心存怨恨，时常虐待两个养子。因此，霍应人的童年时光并不快乐，甚至时时产生离家出走的念头。虽然如此，因家道殷实，生活优越，霍应人从少年时代起就形成了爱好文学艺术、追求浪漫生活等特点。这既为他以后走上文学艺术道路进而产生影响奠定了基础，又为他屡次出现"生活作风"问题并因此屡遭批判埋下了伏笔。

1920 年，霍应人入山西孝义县司马镇小学读书，直至 1925 年 7 月毕业。其间（霍应人 10 岁时），父亲因年事渐高，不再经商，返回老家靠经商所得积蓄和地租养老。

1926 年，父亲去世。9 月，霍应人便离开家乡，赴太原求学，考入国民党官办的平民中学，直至 1929 年 7 月毕业。其间，他寒暑假偶尔回家，但均未久住。父亲去世之后，哥哥掌握财产，料理家事。因兄弟二人少不更事，不善经营，家道随之没落。

在平民中学读二年级时（1927 年），霍应人加入了国民党。1929 年毕业后，他与国民党断绝关系。对其中缘由，他有两种说法：一是"对政治不感兴趣，想一心一意学习音乐"；二是"鄙视党棍们的行为而自动脱离"。无论如何，加入国民党这一经历，成了他后来被调查的重大"历史问题"之一。

从平民中学毕业之后，霍应人离开太原，赴北平投考高中。9 月，他顺利考入北平师范大学附属中学高中部，直至 1932 年 7 月毕业。在高中读书的前两年，他埋头学习，依然心存去意大利学习音乐的梦想。课余时间，他还随一位捷克籍的提琴教师学习小提琴。

1930 年 12 月 10 日，他撰写的文章《小提琴的构造与演奏》，发表于《北平师大附中校友会会刊》第 12 期第 16 至 18 页，署名霍如棠。作者先称小提琴是"音中之圣品，乐中之女王"，接着简要介绍了小提琴的构造和演奏方法，并且指出，学好小提琴，需二十年的苦功。最后他发出呼吁："爱好提琴的同志们，爱好音乐的朋友们，艰难决不会挡住我们的爱潮，努力去干，以达到我们最后的目的。"

1931 年至 1932 年间，霍应人的思想发生了重要变化。据其自述，原因主要有三：一是经同学介绍，他读了一些新的社会科学书籍，初步认识了新思想。二是晋钞贬值，家庭破产，打破了他出国学习音乐的幻想。三是"九·一八"事变爆发，日本帝国主义者侵略东北，他深切感受到国家处于生死存亡的关头，于是开始注意时事，关心政治。受到革命运动的影响，他大力拥护共产党的抗日主张，坚决反对国民党的不抵抗政策。

1932 年春，霍应人经介绍加入了社会科学家联盟（简称"社联"），一起加入的还有同班同学刘文卓[①]。加入"社联"之后，他开始广泛阅读革命书籍，参与小组讨论，听取时事报告，上街

---

① 刘文卓后改名刘导生。他于 1913 年出生，2014 年去世，曾任北京市委书记、北京市政协主席、国家语言文字工作委员会主任委员等职。

写粉笔标语。为发动师大附中的同学抵制军阀吴佩孚来校演讲，他曾参与散发传单等活动。附中对学生的功课要求一向非常严格，希望学生多埋头读书，少过问政治。为此，霍应人等人的行为引起了校方的极度不满。

1932 年前后，北平的世界语运动如火如荼开展，各学校不仅开办了多种世界语班，还筹建了多个世界语学会，直至成立了北平世界语者同盟。就是在这种大背景下，霍应人开始学习世界语，也在学校组织了世界语协会，并从各种世界语读物中了解到了苏联的基本状况，对这个新生国家产生了浓厚兴趣。这为他以后发奋学习俄语、积极参与苏联文学和文化译介、长时期对苏联心存敬意奠定了情感基础。

入狱与出狱

1932 年夏天，霍应人跟同学一起参加了一次示威游行，并未遇到警察阻拦。当时，他并未意识到参与反帝、反政府宣传的危险性。7 月底，他刚从中学毕业，正准备投考大学之际，接到了"社联"参加示威游行的通知。正当他在北平天桥散发传单时，警察赶来，将他抓获。之后，他被关进了北京西城区草岚子胡同的"军人反省院"（也称"草岚子监狱"），直至 1933 年 5 月才被保释出狱，历时 10 个月。

1931 年 9 月，草岚子胡同 19 号经国民党政府改造，成了关押北平和天津两地被捕共产党人的临时看守所；1932 年 3 月，又被改为北平军人反省分院，俗称"草岚子监狱"。霍应人被捕入狱时，该监狱关押着薄一波[①]、安子文[②]、刘子久[③]、刘澜涛[④]、韩钧[⑤]等重要共产党人。当时，薄一波化名张永璞，刘澜涛化名刘华甫，刘子久化名刘俊才，安子文化名徐子文。[⑥] 这一批人被捕之

---

① 薄一波生于 1908 年，卒于 2007 年，曾担任国务院办公厅主任、国家建设委员会主任、国务院副总理等重要领导职务。

② 安子文生于 1908 年，卒于 1980 年，曾任中共中央组织部部长。

③ 刘子久生于 1912 年，卒于 1988 年，曾任国家劳动部副部长、中共第七届中央候补委员。

④ 刘澜涛生于 1910 年，卒于 1997 年，曾任中共第七届中央候补委员、政协第六届全国委员会副主席。

⑤ 韩钧生于 1912 年，卒于 1949 年，曾任中共北平市委秘书长兼军管会秘书长。

⑥ 参见薄一波：《七十年奋斗与思考》（上卷），132 页，北京，中国党史出版社，1996。

前，已经活跃于各条革命战线，出狱之后，更是为中国的革命和建设事业做出了重要贡献。

本来就怀有进步倾向的霍应人，与革命者关押在一起，自然也受到了影响。据霍应人自述，他在狱中得到薄一波等同志帮助，"从他们处获得很多的启示和知识"，"狱中十个月的生活对我的思想起了很大的作用，像是进了一次革命的学校"。经薄一波等同志介绍，他读了《二月革命到十月革命》《左派幼稚病》《中国大革命史》《资本论》等革命理论书籍。不过，他也承认，尽管受到了革命者的熏陶，也"懂一些革命道理，但并未改变自己的阶级立场，对革命只抱同情的态度，愿意跟随革命一起走，而没有站在革命队伍中献身于革命事业的觉悟和决心"。这时候，支配他思想的依然是"同情无产阶级革命的小资产阶级个人主义的立场"。

在草岚子监狱，霍应人主动承担了向各位狱友教授世界语的任务。据一起蹲过监狱的刘尊棋①回忆，狱友们为交流信息，曾于1932年创办了一个小刊物，命名为"拉丢"。之所以这样命名，就"因多数人向师大附中学生霍应人学世界语，世界语的'无线电'是'拉丢'（RADIO）"②。在监狱中，霍应人开始接触俄语，启蒙者即为刘尊棋③。

---

① 刘尊棋生于1911年，卒于1993年，英文、俄文俱佳，著有《美国》和《美国侧面像》等，译有《死屋手记》《美国通史》等。

② 参见刘尊棋：《写信给宋庆龄》，载上海宋庆龄研究会2013年专题资料汇编《回忆宋庆龄》，169页。

③ 参见霍立林编：《陆慧年新闻文稿》，250页，北京，光明日报出版社，2004。

1933 年三、四月间，中国民权保障同盟 ① 的总干事杨杏佛 ② 一行到草岚子监狱访问，声称要提请政府当局释放一批人。但霍应人并未因杨杏佛到访而被释放。关于释放出狱的经过，他有两种说法：一是"哥哥托同学罗著的父亲罗致波（湖北军阀徐源泉的参议），进行保释"；二是"由哥哥托人找韩复榘 ③ 转请东北军当局（当时北平由张学良统治），说明不是共产党员，被释放"。据陆慧年 ④ 回忆，霍应人"是他哥哥通过韩复榘属下设法保释出来的" ⑤。

1933 年 5 月霍应人出狱后，《北平晨报》5 月 25 日登载了一则集体署名的"脱离共党启事"，其中就有"霍如棠"的名字。这一"启事"，也成了霍应人后来被调查甚至被诬陷为"叛徒"的重要缘由。

1956 年"肃反"时，霍应人曾说，杨杏佛访问之后，监狱当局即找他谈话，威逼利诱，说他若同意在报上刊登"脱离共党启事"，即可释放出狱；"起初我不同意，思想上有斗争，最后我终于默认刊登启事。对此事我当时的看法是，刊登启事虽然是个变节行为，但我将来出狱后可以用努力工作来弥补。'留得青山在，

---

① 1932 年 12 月，中国民权保障同盟由宋庆龄、蔡元培、杨杏佛、鲁迅等知名进步人士在上海发起成立，以争取民权和反对帝国主义侵略为宗旨。1933 年 6 月，因杨杏佛被暗杀，该同盟被迫解散。

② 杨杏佛生于 1893 年，1933 年 6 月 18 日被国民党特务暗杀致死。他是辛亥革命时期著名的社会活动家、中国人权运动的先驱。

③ 韩复榘生于 1891 年，卒于 1938 年，是冯玉祥手下的重要军事将领。西安事变后，他曾支持张学良和杨虎城，后被蒋介石枪决。

④ 陆慧年生于 1915 年，卒于 1997 年。历任重庆《民主报》、上海《联合晚报》、南京《新华日报》记者，《光明日报》采访部主任、总编室主任，中国新闻社总编室主任、副社长。

⑤ 参见霍立林编：《陆慧年新闻文稿》，250 页，北京，光明日报出版社，2004。

不怕没柴烧。'这是一种自欺欺人、没有立场、违背革命利益的想法。在这样想法支配下，我就犯了严重的政治错误。……许多年来，我一直存着个侥幸心理，觉得'登启事'可能是监狱当局的威胁手段，也许没有见报。我总以为我哥哥的奔走设法，是我出狱的主要原因"。

1963 年 9 月 5 日，霍应人在《个人认为历史上需要说明的问题》中写道，1956 年"肃反"时看到了登载启事的照片，曾据理否认，但苦于找不到反证，也因认为自己不是党员，即便承认也不会受到处分，而坚持否认则有对抗组织之嫌，故"采取了息事宁人、暂且过关、将来再说的态度，向组织做了不真实的交代，承认我同意刊登启事，并编造了经过情形"。他还做了如下说明："建议向下列同时在狱的同志进行调查：安子文同志（中央组织部长），刘澜涛同志（中共中央西北局书记），薄一波同志（国务院副总理）。"

在上海

霍应人被释放出狱之后，于 1933 年 7 月抵达上海，改名霍非，9 月考入了大夏大学①西洋文学系。不过，他因过多参与社会活动，无法专心学业，就于次年 7 月选择退学。在上海四年的时光里，霍应人将很多精力投入到了世界语运动和拉丁化新文字推广方面，后期也开始专心学习俄语。当时中国的语言文字改革，与政治存在密切勾连。霍应人在上海参与和开展的这几项活动，均非单纯的语言学习和传播问题，而是具有浓重的政治和社会文化内涵。这进一步展现了他亲近革命、追求变化的进步倾向。

霍应人到上海时，中国的世界语运动非常活跃。1931 年 12 月 3 日，中国左翼世界语者联盟（亦称"中国无产阶级世界语者联盟"或"中国普罗世界语者联盟"，简称"语联"）在上海成立，后加入了中国共产党的外围组织中国左翼文化总同盟（简称"文总"），成了最后一个加入也是最小的"文总"组织。"语联"的成立，标志着中国的世界语运动进入了新时期，自此，世界语运动与中国人民的革命斗争产生了血肉联系。1932 年 12 月 15 日，《世界》（La Mondo）创刊，办了四年多后停刊。1933 年 1 月 22

---

① 1924 年，厦门大学三百余名师生分离出来，在上海建立了大夏大学，著名政治活动家、教育家、化学家马君武任首任校长。抗战时期，大夏大学内迁。1951 年 10 月，大夏大学与光华大学的相关学科合并，组建了新中国成立之后的第一所师范大学即华东师范大学。

日，上海世界语者协会成立。该协会公开活动，以"为中国的解放而用世界语"为口号，同时创办了世界语函授学社、世界语书店、世界语讲习班等，并以《世界》为机关刊物。

到上海后不久，霍应人加入了上海世界语者协会，被选为理事。当时该会主要由叶籁士①、乐嘉煊②和张企程③等人负责。霍应人主要负责在该会办的世界语班和大夏大学学生组织的世界语班教授世界语。在教授语言之余，霍应人还发挥自己的音乐特长，教授世界语歌曲和抗日歌曲，从事将中文歌曲译为世界语等其他工作。据周庄萍④回忆："他曾为我们及历届讲习班学员教唱过不少抗日救亡歌曲和世界语名歌。《希望歌》《马赛曲》《海员进行曲》等，都引起大家的极大兴趣，受到了好评。记得当时协会楼上楼下，经常歌声绕梁，气氛热烈，使一个紧张的工作环境充满了生气、充满了情趣。"⑤蒋齐生⑥在致劳荣⑦的信中特别提到，梳理20世纪30年代上海的世界语运动史，很有必要述及霍

---

① 叶籁士生于1911年，卒于1994年，是著名文字改革家和世界语者。他曾任中国科学院语言研究所副所长、中国文学改革委员会副主任等职，编有《拉丁化概论》《拉丁化课本》等。

② 乐嘉煊生于1907年，卒于1950年，是著名世界语者，编有《世界语初级讲义》《世界语初级班读本》《世界语科学小丛书》等。

③ 张企程生于1913年，是著名世界语者，曾任中华全国世界语协会秘书长、中国翻译工作者协会理事等职，译有《列宁传》《印度尼西亚民歌选》等。

④ 周庄萍生于1906年，早年留学日本，曾任中华全国世界语协会理事，编有《汉译世界语小词典》《世界语笑话集》等。

⑤ 参见《周庄萍的回忆》，见乐美素主编：《世界语者乐嘉煊纪念文集》，102页，北京，中国文史出版社，2007。

⑥ 蒋齐生生于1917年，卒于1997年。他1933年开始学习世界语，曾任中华全国世界语协会理事，著有《新闻摄影论集》等，译有《论高尔基》等。

⑦ 劳荣生于1911年，卒于1989年。他1932年开始学习世界语，1951年当选为中华全国世界语协会理事。著、译作品有《世界语运动二三事》《为了和平》等。

应人的贡献。他写道："上海世协开展救亡歌咏活动，他教世界语歌曲，并把中文的译成世界语的。"①

加入上海世界语者协会之后不久，霍应人被吸收进世界语运动的核心组织"语联"。他当时主要承担了两项工作：一是负责印制《中国普罗世界语通讯新闻稿》（Ĉina PEK-Bulteno），向国外报道中国的革命运动，争取国际同情和援助。二是推动国内的左翼世界语运动，并提倡拉丁化新文字。

1934年春，霍应人在世界语协会结识了陶凯荪②，经常与她来往，两月后经她介绍加入了共青团。起初，共青团通过陶凯荪与他保持联系，指导他在世界语者同盟的工作，还曾派他到沪西纱厂宿舍教工人学世界语。后来，他与团组织的关系中断。关于中断的时间和缘由，他做出了两种不尽相同的解释：一是1936年领导他的同志被捕，他与团组织的关系中断。二是他与团组织的关系保持到了1935年底，因与他联系的一位姓陈的同志被捕，他立刻搬家，再未找新的联系人，就此关系中断。

关于与团组织的关系中断问题，霍应人曾做过自我剖析和解释说明："失掉关系的主要责任在我，当时我觉得与团的这种关系可有可无，团对我的帮助不大，与我联系过的几位学生或老师，文化程度比较低。我那知识分子的自由散漫、骄傲自大、缺乏政治进取心，使我对团组织逐渐疏远。因为我不采取主动，结果使暂时失掉的联系，一变而为永远失掉联系。介绍我入团的陶

---

① 参见民盟天津市委员会文史资料研究小组编"内部资料"《文史参政资料汇编》第5辑第53页。
② 陶凯荪曾任共青团江苏省委发行部部长、组织部部长、宣传部部长等职，1939年春在延安遭诬陷，被秘密处决。

凯苏已牺牲。与我联系人之一的陶瀛苏现在上海，解放后曾通过信，近况不知，可作我入团期间的证明人。"在《我的九妹陶凯苏》一文中，陶瀛苏也简要提及她 1934 年到上海之后与霍应人的交往："刚到上海，我和中华书局的张海平合编一个群众性的刊物，不久改由王兴让联系他，我联系各社团组织，有'左联'的徐懋庸①、'世界语'的霍应人（他在卡德路开世界语书店）。"②

1934 年夏天，霍应人受"语联"委托，赴北平组建分盟。经《世界日报》副刊《世界语之光》的编辑傅铭第③介绍，陈笺熙和高家柳两位青年加入。他们几人开会成立了分盟，陈被选为负责人。8 月，霍应人返回上海，后才得知高家柳是特务，不久陈笺熙被捕。高还声称霍应人是"共党中委"，曾来北平进行活动。为此，北平市市长袁良呈请南京行政院，通令全国邮局检查、截留"霍非"的信件。出于安全考虑，霍应人不再公开露面工作，同时停止使用"霍非"这一名字，改名"应人"。

上海的世界语者将推进中国语拉丁化作为重要任务。他们激烈反对国民党提倡文言、读经的复古运动，积极参与有关大众化的讨论，并提出主张：只有实行拉丁化新文字，才能真正解决大众化的问题。拉丁化新文字运动从上海开始，后来蔓延到了北平、太原、西安、广州、香港和延安等地。有学者曾指出："这场运动具有相异于近代其他汉字改革实践的鲜明意识形态诉求，

---

① 徐懋庸生于 1911 年，卒于 1977 年。他早年参加革命，与鲁迅相熟；新中国成立后，曾任武汉大学党委书记等职。著有《文艺思潮小史》等，译有《托尔斯泰传》等。

② 参见中共上海市委党史研究室编：《上海党史资料汇编·第 5 编·党史人物》，289 页，上海，上海书店出版社，2018。

③ 傅铭第生于 1908 年，卒于 1990 年，是著名世界语者，先后在南昌大学、武汉大学、湖南大学、湖南师范大学等高校任教。

是左翼文艺思潮在语言文字领域的具体投射，在中国近代思想文化史上有其特殊意义。"① 积极参与了新文字运动的叶籁士后来指出，20世纪30年代的新文字运动"成为中国历史上一次规模最大的群众性的文字改革运动，它是解放后的文字改革运动的先导"②。上海的世界语者为专门讨论大众语运动和汉字拉丁化问题，自1933年10月起在《世界》杂志增设了《言语科学》副刊。

为全力推进中国的拉丁化新文字运动，《世界》杂志于1933年第10、11号登载了用世界语撰写的启事，呼吁苏联同志提供中国语拉丁化的方案、字典、课本等详细资料。增设的《言语科学》副刊首期再次发出呼吁。截至1933年底，《世界》编辑部陆续收到相关资料，其中包括用世界语写的论文《苏联各民族文字拉丁化与汉语书法拉丁化》，用拉丁化新文字编写的《拥护星期六日报》等，主要提供者为乌克兰语言学家伊萨耶夫和苏联世界语联盟语言委员会委员、乌克兰世界语者科尔钦斯基。

1934年7月，《言语科学》第9、10号合刊登载了霍应人撰写的《中国语书法拉丁化方案之介绍》，署名应人。此文即根据苏联学者提供的材料编写而成。1935年7月1日出刊的《新社会》杂志第8卷第10、11、12期合刊第115至126页转载了此文。该刊目录并未呈现霍应人文章的篇名，但将其编排在杂志最后几页，在文末标明是"特载"。倪海曙③ 编、时代出版社1949

① 参见湛晓白：《语文与政治：民国时期汉字拉丁化运动研究》，1页，郑州，河南人民出版社，2019。
② 参见叶籁士：《回忆语联——三十年代的世界语和新文字运动》，载《新文学史料》，1982（2）：201。
③ 倪海曙生于1918年，卒于1988年，是著名文字改革活动家和语言学家，著有《中国拼音文字运动史简编》《中国拼音文字概论》等。

年出版的《中国语文的新生：拉丁化中国字二十年论文集》，也收录了该文。

在文章中，霍应人先声称苏联世界语者提供的拉丁化方案是"比较彻底的、进步的，而合乎科学的"，因而有介绍之必要。接着，他指出该方案仅针对中国北方话的拉丁化，但中国地域广阔，方言众多，且有独立发展的必要，因此中国语的拉丁化方案应有多样性。该文重在介绍中国北方话拉丁化的字母及其写法，包括"字母表""字的写法""整个字的写法"等三个部分。全文条理清晰，例证丰富，文末还附录了《拉丁化中文词典》的序言首段，以展现"中国拉丁化书法之一斑"。

在霍应人之前，焦风[①]已经转译过萧三[②]的世界语文章《中国语书法拉丁化》，发表于孙师毅主编、中外出版公司 1933 年 8 月 12 日出版的《国际每日文选》第 12 号。焦风的译文虽是国内首次介绍新文字，但未涉及具体方案。因此，霍应人率先在国内介绍拉丁化新文字方案的文章，在拉丁化运动史上具有重要意义。文章发表之后，立刻引起热情关注和积极支持拉丁化的鲁迅的注意。鲁迅曾在《门外文谈》第八节写道："这里我们可以研究一下新的'拉丁化法'。《每日国际文选》有一小本《中国语书法之拉丁化》，《世界》第二年第六七号合刊附录的一份《言语科

---

① 焦风原名方善境，生于 1907 年，卒于 1983 年。他 1924 年开始学习世界语，曾组织汉口普罗世界语者联盟，1951 当选为中华全国世界语协会理事，编有《世界语初级课本》《世界语六讲》等。
② 萧三生于 1896 年，卒于 1983 年，是现代著名诗人、翻译家。就读长沙第一师范时，他与毛泽东是同学。著有《毛泽东同志的青少年时代》《萧三诗选》等，译有《列宁论文化与艺术》等。

学》，就都是绍介这东西的。"[1] 他所谓《言语科学》"绍介这东西的"，就是霍应人写的《中国语书法拉丁化方案之介绍》。

1934 年 9 月，《言语科学》第 12 号发表了霍应人撰写的《读了〈我对于拉丁化的意见〉之后》，署名应人。该文后被收入倪海曙编、时代出版社 1949 年出版的《中国语文的新生：拉丁化中国字二十年论文集》。霍应人撰写该文，旨在反驳《我对于拉丁化的意见》的核心观点。

1934 年 5 月出刊的《言语科学》第 7、8 号合刊，登载了曾独醒的文章《我对于拉丁化的意见》。刊载该文时，编者在文章前加了按语，其中写道："自然我们还不能全部同意于本篇作者的意见，我们刊载这篇文章的动机，在于引起大家来参加讨论。"曾独醒文开篇即指出，"讨论中国文字应否改革的时候已经过去了，我们现在要解决的却是哪种文字才能合用"，接着分八个小部分——指责拉丁化新文字运动者既有的一些观点，其中不乏激烈的攻击之词，最后指出，"新文字的创造者更要参考目前已有的各方案，注意国语之价值，更不可疏忽了中国语（缀音上，声调上）之特殊性，而创造出简洁的、科学化的、平民化的、艺术化的新文字"。

霍应人作为《世界》（包括《言语科学》副刊）的重要同盟者和拉丁化新文字运动的积极参与者，显然无法忍受曾独醒对拉丁化的质疑，因而迅即撰写了文章《读了〈我对于拉丁化的意见〉之后》，副标题即为"答曾独醒君"。他一一反驳了曾独醒文章的观点。在他看来，"中国语拉丁化不是苏联的语言学者

---

① 参见《鲁迅全集》第 6 卷，55 页，南京，江苏凤凰文艺出版社，2020。

'为我们创造'出来的"；不应过高估计教会对于中国文字拼音化的意义；"拉丁化运动者并不反对统一的民族语，所反对的是侵略主义的国语"；拉丁化为大众而创制，而国语罗马字与国语统一运动存在内在关联，跟方块汉字一样拒绝了大众。最后他得出了两点结论：（一）"脱离了大众的观点，脱离了政治社会的现实基础，来谈现阶段的中国语言革命问题，决不会得到正确的结论的。"（二）"拉丁化运动者并不抹煞一切既成的方案，而且还欢迎国语罗马字运动者以及其他方案主张合作，但以他们同意上述第一项的原则为前提。"

从 1934 年 12 月起，霍应人与周庄萍、郑竹逸[①] 开始着手合编《现代中文世界语辞典》。这部辞典成了我国第一部中文与世界语对照的工具书。据周庄萍回忆，这几位编者当时都住在大夏大学附近，可以朝夕相见，"我们每一谈到国内世运的前景，看到上海世协的发展情况，都充满了信心，一种无名的劲头，突然冒了出来"[②]。霍应人、周庄萍和郑竹逸各司其职，分别负责参阅俄语、日语和英语的相关工具书。整体编纂完成之后，他们又根据钟宪民[③] 编《世界语汉文模范字典》、日本《新撰和世辞典》等工具书，做了三次补订。三人耗时七月有余，每日工作五小时，这部辞典终于在 1935 年 7 月交付黄钟排版印书馆排印。

---

① 郑竹逸生于 1910 年，卒于 1975 年，著名世界语专家。他曾任陕西省教育厅办公室主任、省京剧院党委书记等职，编有《柴门霍夫演讲集》等。

② 参见《周庄萍的回忆》，见乐美素主编：《世界语者乐嘉煊纪念文集》，103 页，北京，中国文史出版社，2007。

③ 钟宪民生于 1910 年，是著名世界语专家。他编著过多种世界语教材和词典，除用世界语对外译介中国文学作品（如《阿 Q 正传》），还通过世界语向国内译介了大量外国文学作品（如《约翰·克利斯多夫》）。

1935 年 9 月 25 日,《现代中文世界语辞典》由上海曙光出版社出版,霍应人署名徐文。该辞典的出版,也费了一番周折。为筹措出版经费,郑竹逸变卖了妻子的首饰。即便如此,经费依然严重不足。为此,他们向时任陕西省主席的邵力子求助,得到了 100 块大洋。但终因经费紧张,且担心销路不畅,初版仅印刷2000 册。周庄萍回忆说:"遗憾的是,辞典出版后,'八一三'上海抗日战争爆发了,我们一年的劳动成果,全被炮火毁掉了。"①

该辞典 48 开,共 612 页,收入各科专门术语、社会科学名词、新文艺名辞、外来新语、日常用语、各地方言语汇 42000 余条。书前有中文略语表,书后有检字表。还有附录六种:(一)世界语文法要览,(二)接头字一览表,(三)接尾字一览表,(四)相关词表解,(五)略语一览表,(六)国际重要团体名称略语。辞典前面载有《序言》和《编纂方针及经过》两篇短文,为我们了解该辞典的特点以及编辑动因、原则、方针、过程等提供了诸多便利。

霍应人等决定合力编纂该辞典,主要考虑到中国的世界语运动正如火如荼开展,已成为知识阶层的普遍常识,因而迫切需要各种教本、读物、字典、辞典、参考用书等。他们希望该辞典给读者"能够在造句、作文、翻译、著作时,获得解决用字困难的途径,而促进其言语技术水准的提高"。

编撰过程中,他们秉持两个基本原则:一是收载语汇力求丰富;二是语汇世译力求精确。他们还制定了八条方针:一是"纯以词儿为单位,不注重单字之单独意义";二是摈弃不合现代生

---

① 参见《周庄萍的回忆》,见乐美素主编:《世界语者乐嘉煊纪念文集》,103 页,北京,中国文史出版社,2007。

活的词汇；三是尽量搜罗国际间流行的各国语汇；四是大量采用土语方言；五是音译在世界语中找不到同义词的部分中国语汇；六是以笔画检字；七是以国际各种辞典为主要依据，辅以编者经验，选择译语；八是以商务印书馆出版的《辞典》为依据，确定中国语汇的意义。

1935 年 7 月出刊的《世界》第 3 卷第 6、7 号合刊，在"瞭望台"栏目对此书做过预告，说它"正在排印中，将于九月中旬由曙光出版社出版"。该书正式出版之后，《世界》第 3 卷第 11、12 号合刊（12 月出刊）的"新刊介评"栏目，又刊载了蒲梢撰写的推介文章。作者充分肯定了编者为该辞典付出的辛劳，认为"编一本中文世界语辞典实在不是容易的事情"，也指出了它以汉字笔画检字并不便利。不过，他也承认，"在汉字不改成拼音文字以前，中文的字典辞书中的排法总是不能有最彻底的解决的吧"。

1934 年至 1935 年间，霍应人除殚精竭虑编写辞典，还花了很多心思搜集世界语歌曲，经常将其在《世界》上发表。比如 1934 年第 2 卷第 6、7 号合刊，1935 年第 3 卷第 1 号，第 3、4 号合刊，第 5 号，第 6、7 号合刊等，都有刊载。叶籁士曾说："《世界》有段时间每期都登一首歌，这是霍应人（亚克）供给的。"①

1935 年 10 月，霍应人编的《拉丁化检字》由天马书店出版，为尹庚②主编的天马丛书之三，署名应人。书末载有"天马丛书目录（语文学之部）"，共 5 种，除《拉丁化检字》，还有叶籁士

---

① 参见叶籁士：《叶籁士文集》，105 页，北京，中国世界语出版社，1995。
② 尹庚生于 1908 年，卒于 1997 年。他是中国现代著名革命家，曾留学日本，著有《鲁迅的故事》等，译有《老铁的话》等。

著《拉丁化概论》、叶籁士编《拉丁化课本》、郭挹清著《手头字概论》和鲁迅著《门外文谈》。天马书店以出版进步书刊为主，1932 年由楼适夷等人在上海创办，曾出版《鲁迅自选集》、郁达夫《忏余录》等书籍。抗日战争全面爆发后，书店迁往武汉，后又迁往广州，1938 年因广州沦陷而停业。

《拉丁化检字》是国内出版的第一本拉丁化新文字工具书，曾多次印刷，比如，再版日期为 1935 年 11 月，1937 年 9 月已出了第四版。1938 年 7 月，武汉中国字拉丁化研究会根据该书第一部分，重编了《拉丁化检字》，64 开，37 页。1948 年 8 月，林涛根据该书及其他二书，编成《新文字单音字汇》一书，由哈尔滨光华书店出版。

初版的《拉丁化检字》共 131 页，包括两编，第一编为"拉丁化—汉字检字"，第二编为"汉字—拉丁化检字"。根据霍应人在"凡例"中的说明，该书以中国北方话为基准，依照《拉丁化中国文字拼音和写法的参考书》改编而成，以便"识汉字的人求解作文时参考"。

书前附有叶籁士 1935 年 8 月写的推介语（或称序言），共三段。第一段："目前大家深感拉丁化字典的需要。这部字典要搜罗大众的口头的词儿，要用拉丁化文字来注释。但是编这样的词典，在中国还是种开天辟地的工程，需要多数人的合作和长时间的努力的。"第二段："不得已而求其次！我们希望此刻先出一本拉丁化检字，使得识得汉字的人们，能在用新文字阅读及写作的时候随时用来参考。"第三段："这本检字的出版，恰好满足了这个要求。它在目前，在拉丁化字典尚未出版之前，对于知识者暂时还负担了词典的作用。所以本书是每一个学习拉丁化新文字的知识者案头必备的参考书。"

1935 年 12 月 16 日，霍应人撰写的介绍戈公振[①]遗著《从东北到庶联》的文章，发表于《读书与出版》（平心编辑，生活书店出版）第 8 期第 60 至 62 页。戈公振将苏联译为"庶联"，旨在凸显苏联是由庶民治理的国家。全书的亮点在于，对苏联新世界及其生活特质等做出了明晰透视。霍应人在介绍文中指出，"这部遗著与其说是戈先生从东北到苏联的旅行见闻，不如说是他的思想认识的长途旅程的记载"；此书尽管存在取材有时略欠选择等不足，但整体而言，"我们不仅可以看出戈先生的人格辉煌，而且可以觉察出他的思想是怎样在不息地向前迈过，他那颗探求真理维护正义的沸腾的心是怎样跳动在字里行间"。

1935 年 12 月，陶行知发起的中国新文字研究会在上海成立，同时召开座谈会，草拟了《我们对于推行新文字的意见》。之后开始征求社会各界人士签名，持续了四五个月。蔡元培、鲁迅、郭沫若、茅盾、巴金等著名文化界人士共 688 人签了名。霍应人作为新文字的重要提倡者，也积极做出响应，在该意见书上签名为应人。1936 年 5 月，该意见书由胡绳[②]主编的《中国语言》半月刊创刊号发表，产生了巨大影响。

1936 年 6 月，北平新文字研究会成立，北平"语联"的负责人傅铭第等人参会。据当时参会的何礼[③]回忆，"上海搞新文字世

[①] 戈公振生于 1890 年，是中国现代著名新闻学家和中国新闻史学的拓荒者，代表性著作为《中国报学史》（上海商务印书馆 1927 年 11 月初版）。1935 年 10 月 22 日，他因病逝世。之后不久，他生前发表的文章和部分手稿被编辑成册，名为《从东北到庶联》，由生活书店于 1935 年 12 月出版。

[②] 胡绳生于 1918 年，卒于 2000 年，是中国著名哲学家、历史学家，曾任中国社会科学院院长、全国政协副主席等职。

[③] 何礼原名何维登，生于 1912 年，卒于 1986 年。他曾参与创办"北平新文字研究会"，后任吉林大学副校长等职。编有《汉日词典》，著有《一二九运动史要》等。

界语的霍应人（亚克）、陆惠年两夫妇①也来了，很是热闹"②。

1936年6月10日，霍应人撰写的论文《中国文字拼音化与中国统一语》，刊载于《中国语言》第2期第2页，署名应人。该文后来被收入倪海曙编的《中国语文的新生：拉丁化中国字二十年论文集》（时代出版社1949年出版）。在霍应人看来，中国语言之所以无法统一，固然有社会的、经济的原因，但最大的障碍就是方块汉字，他认定"中国语言的统一前途，只有废除汉字，采用拼音文字"。在他看来，拼音文字不仅可用于记录大众口语，而且易于学习和使用，因此，应是"中国语言走向统一道路的基石"。在该文最后，他发出呼吁："从事于新文字运动的同志们，应当努力使我们的民族统一语早日实现！"

1936年6月和9月，上海新文字书店分别出版了霍应人编译的北方话拉丁文新文字书籍《各国的故事》（Goguo di Gush）和《大众歌曲》（Dazhung Goky），均署名亚克。前者是苏联远东拉丁化读物的选集，根据苏联远东寄来的《拥护新文字六日报》及其他材料编辑而成，主要反映苏联华侨社会的生活情况。出版之后，大受欢迎。后者是用拉丁化新文字拼写的歌本。

新文字书店创办于1936年5月，兼编辑、出版、发行于一身，由王益③担任经理。因国民党政府禁止使用新文字，该书店并不对外公开地址。它曾先后出版鲁迅著、陈梅译《狂人日记》（1936年6月），易扬著、陈梅译救亡街头剧《打回老家去》

---

① 陆惠年即陆慧年，当时她与霍应人尚未结婚。他们于1938年夏天在武汉结婚。

② 参见何礼：《关于文字改革》，见《全国高等院校文字改革学会编〈语文现代化〉丛刊》，第5辑，98页，北京，语文出版社，1981。

③ 王益生于1917年，卒于2009年，是著名出版家，早年在上海生活书店和新文字书店工作，后曾任国家出版局副局长等职务。

（1936 年 7 月）等新文字书籍。霍应人主要负责该书店各读物的拼写校对工作。王益回忆说："为了保证我们的读物拼写正确无误，出版前都请霍应人校订一遍。他是北方人，发音正确。他可说是上海新文字书店编辑工作方面的顾问。"①

同年，霍应人编的世界语版《世界名歌选》（ELEKTO DE MONDFAMAJ KANTOJ）由上海的中国世界语书店出版，署名亚克。中国世界语书店由上海世界语者协会发起成立，乐嘉煊是主要负责人。该书店先后出版发行了乐嘉煊编《世界语初级讲义》等，也同时经售《现代中文世界语辞典》《世界语活页文选》《世汉对译小丛书》等书籍。

国民党视拉丁化新文字运动为中共的外围活动，曾于 1935 年下令禁止，凡学习者或拥有新文字书籍者，均可成为罪状。霍应人为此遭到官方通缉。这在某种意义上，也影响到了他对拉丁化的投入程度。虽然如此，他并未对拉丁化摈弃热情。他后来发表的一些有关拉丁化的文章，即是明证。

霍应人的相当一部分文化贡献，是通过从事俄文翻译体现出来的。他曾自述，"1936 年拉丁化新文字运动在全国各地受到国民党的压迫，我这时候在推动拉丁化方面的工作也就少了"；也就是从这一年起，他"开始埋头学习俄语，搞通了俄文的基本文法"，"大部分时间学习俄文，希望学好俄文能到苏联去"。他还曾于 1937 年春通过上海中苏文化协会做过一番自费赴苏旅行的努力，也在上海苏联领事馆填过表格，后因"七七事变"发生，终未能成行。

---

① 参见王益：《不倦的追求——王益出版印刷发行文集（续编）》，370 页，北京，印刷工业出版社，1997。

在武汉和重庆

　　结束了在上海的文化事业之后，霍应人有长达七年多的时间在国民党的文化部门任职。不过这一次，是在国共第二次合作（1937年8月至1946年6月）的大背景下展开的。他尽管效力于国民党主导的政治部第三厅、文化工作委员会等部门，但实际上在共产党的领导和支持下开展相关工作。他这一时期的著译成果，明显呈现出宣传抗战、抵制侵略、歌颂和平等进步倾向。

　　1937年6月，霍应人离开上海，前往北平。"七七事变"爆发之后，他住在北平亲戚家。北平被日军占领后，他于8月间伪装成银行小职员离开北京，前往天津，打算去南京或武汉。在天津车站，他与数十人一起被日本宪兵逮捕，关在一个仓库的楼上。次日日本宪兵审问时，他说到天津看望亲戚，玩几天便回北平，即被释放。之后，他与平津流亡学生乘船到了烟台，然后转潍县、济南，到了开封，与恋人陆慧年会面。在开封住了近一个月之后，他与陆慧年一起抵达武汉。

　　到武汉之后，霍应人与平津流亡学生在武昌创办了蛇山外国语学校，负责教授世界语和俄语。后因流亡学生向各方走散，这个学校停办。

　　1938年4月1日，国民政府军事委员会政治部第三厅正式成立，政治部部长陈诚、副部长周恩来出席成立仪式。郭沫若以民主人士身份①，受命担任第三厅厅长。国民政府做出这样的决定，主要是为了"利用郭沫若的声望来延揽社会贤达、文化界的知名人士"②。该厅主要负责宣传工作和思想界文化界领导工作，经过多方努力，汇聚了大批文化人才，素有"名流内阁"之美誉。先后加盟的有马彦祥、冼星海、李可染、王鲁彦③等文学艺术界人才。第三厅最初设第五、六、七三个处。"七处集中了一批研究国际问题和擅长日语、英语和世界语的人才，专门从事对敌宣传工作。"④七处的一科科长为杜国庠⑤，主管设计和日文翻译；二科

---

① 1927 年大革命后，郭沫若被开除国民党党籍。1927 年 8 月底，他与贺龙一起加入了中国共产党，次年春，经党组织同意东渡日本。1937 年回国后，他的"真实身份是中国共产党的秘密党员，公开身份是民主人士"。受命第三厅厅长时，他的中共党员身份未被公开，"是出于团结抗战大局的需要"。参见李斌：《关于郭沫若的党籍与党龄》，载《海南师范大学学报》，2020（4）：22、23。郭洋也指出："全面抗战时期，郭沫若对内是中共的'特别党员'，直接受周恩来的领导，对外则以无党派人士开展工作。"参见郭洋：《国共两党对郭沫若任第三厅厅长的不同考量》，载《中共党史研究》，2019（7）：112。

② 参见阳翰笙：《风雨五十年》，178 页，北京，人民文学出版社，1986。

③ 马彦祥生于 1907 年，卒于 1988 年，是著名戏剧导演、戏剧活动家和理论家。他长期致力于戏曲改革，曾导演《雷雨》《日出》《汉宫秋》等，著有《戏剧概论》《现代戏剧讲座》等，译有《在我们的时代里》《西线无战事》等小说。冼星海生于 1905 年，卒于 1945 年，是中国现代著名作曲家、钢琴家，有"人民音乐家"之称。他创作了《黄河大合唱》《救国军歌》等不朽名作，开创了现代革命音乐的新局面。李可染生于 1907年，卒于 1989 年，是中国现代著名画家，曾任中央美术学院教授、中国美术家协会副主席。代表性作品有《万山红遍》《井冈山》等。王鲁彦生于 1901 年，卒于 1944 年，是中国现代著名乡土小说家、翻译家。代表性作品有《柚子》《黄金》等，译作有《显克微支小说集》等。

④ 参见陈富安、刘光明主编：《武汉会战研究》，242 页，武汉，武汉大学出版社，1991。

⑤ 杜国庠生于 1889 年，卒于 1961 年，是著名马克思主义哲学家、历史学家。他曾任中国科学院哲学社会科学部学部委员和中国科学院广州分院院长，著有《中国思想通史》等。

科长为董维键①，主管国际宣传；三科科长为冯乃超②，协助鹿地亘③开展在华日本人反战同盟的相关工作。

七处二科最初在汉口怡和街办公，当时急需世界语人才。本想在共产党领导下开展世界语宣传的叶籁士，因受到王明④冷遇，经沈钧儒⑤介绍，入郭沫若麾下。随后，霍应人以中校组员的身份，与乐嘉煊等人一起加入，主要负责《中国怒吼》⑥编辑出版和其他世界语国际宣传工作。当时，他们的印刷条件极其艰苦，完全靠自己打字印发世界语资料。后来，政治部精简机构，第三厅下只设四个科和一个办公室。调整之后的第三科，负责国际宣传工作，冯乃超任科长（上校科长），霍应人任该科少校服务员。

1938年6月，霍应人与乐嘉煊、叶君健⑦以及新华日报报馆和生活书店的张企程、胡绳等人在武汉发起成立了中国世界语协会，旨在"沟通各民族的文化和情志"，保障"国际和平和正义"，"为祖国的独立自由和进步繁荣而尽力于国际宣传"。

---

① 董维键生于1890年，卒于1942年，获美国哥伦比亚大学经济学博士学位。他著有《各国民权运动史》《世界殖民地独立运动》等书籍。
② 冯乃超生于1901年，卒于1983年，是现代著名革命活动家、教育家、诗人、翻译家。他曾任中共广东省委委员等职，著有《红纱灯》等，译有《芥川龙之介集》等。
③ 鹿地亘生于1903年，卒于1982年，是日本进步作家和日本无产阶级艺术联盟的骨干人物。他1935年来到上海，编译了鲁迅的《野草》《而已集》《华盖集》等作品。
④ 王明生于1904年，卒于1974年，是中国共产党在土地革命战争时期"左"倾冒险主义和抗日战争时期右倾投降主义的代表性人物。
⑤ 沈钧儒生于1875年，卒于1963年，曾任全国政协副主席、全国人大常委会副委员长和民盟中央主席等职，被誉为"民主人士左派的旗帜"。
⑥《中国怒吼》起初只是《世界》的一个栏目，1934年1月号首次出现，1936年开始独立出版，后一度中断。1938年在武汉恢复出版，武汉沦陷后，转到香港出版。
⑦ 叶君健生于1914年，卒于1999年，是著名世界语专家。他曾任中国作家协会书记处书记、中外文学交流委员会主任等职，著有小说《土地三部曲》等，译有《安徒生童话全集》等。

夏天，霍应人与陆慧年在武汉结婚。

1938 年 10 月，日军侵入武汉，第三厅也随之搬到长沙。不久，日军又开始进攻长沙。11 月 12 日晚，第三厅全体人员听取了周恩来的撤离动员报告。之后，霍应人与叶籁士、乐嘉瑄、先锡嘉①等世界语同志开始从长沙撤离，经衡山、桂林、贵阳，最后于 1939 年 1 月抵达重庆。到重庆之后，他们先看望了绿川英子②和刘仁③夫妇。

1939 年 2 月 20 日，霍应人的论文《论文化复兴的先决条件》发表于重庆《新华日报》第四版，署名应人。该版登载了"两篇讨论汉字问题的来论"，另一为罗荪著《略谈"汉字的前途"》。《论文化复兴的先决条件》后来又被收入拉丁化出版社编辑部编辑出版的《言语科学丛刊》1940 年第 1 辑（"中国文字拉丁化文献"，5 月出刊）。该刊同时收录了鲁迅、瞿秋白、许地山、陈望道等人 1930 年至 1940 年发表的相关文章。

霍应人的文章从四个方面，反驳谢贻征④《汉字的前途》一文（发表于重庆《大公报》1939 年 2 月 4、5 日）的观点。霍应人站在为抗战服务、教育民众的立场上，重申中国文字改革的必要性，并提出了实施的办法。他写道："中国抗战的胜利，不但要求民族平等、民权自由与民主幸福，还要使每个中国人民尽量享

---

① 先锡嘉生于 1915 年，卒于 1991 年，是著名世界语者。他曾任中华全国世界语协会理事、上海世界语协会副理事长等职。

② 绿川英子生于 1912 年，卒于 1947 年，是日本著名反战女作家和世界语者，1937 年来到中国，后因手术感染，不幸逝世。

③ 刘仁生于 1909 年，1947 年病逝于佳木斯。他是著名世界语者，曾留学日本，1937 年回国后主要从事对日宣传、翻译等工作。

④ 谢贻征曾任重庆《大公报》副刊编辑、国民党军统局国际科科长等职。著有《欧战外交纵横谈》等。

受文化的生活。……我们要复兴中国的文化，第一步必须扫除全国的文盲，而扫除文盲的利器，只有中国字写法的拉丁化。"

1939 年 3 月底，在重庆赖家桥的绿川英子寓所，霍应人等世界语同仁欢迎前来做客的萧红①、端木蕻良②和池田幸子③，一起举办了文学沙龙。

1939 年 4 月 1 日晚上，霍应人等人在赖家桥的三塘院子举办第三厅成立一周年庆祝大会。

1939 年夏，因躲避空袭，第三厅迁至重庆四十华里外的赖家桥，只留一部分人在城里。霍应人也被派到乡间工作。之后，他与同人一起在赖家桥创建了简陋的排字房和印刷厂，可以承印世界语和日语出版物。

1939 年 6 月 1 月，霍应人等世界语者从该年春天开始筹办的世界语国际宣传刊物《中国报导》(Heroldo de Ĉinio) 半月刊创刊，该刊一直持续到第三厅改组。"发刊词"中写道："中国人民抵抗日本侵略者不仅是为了自己，也是为了世界和平。整个世界同情中国，并渴望得到中国抗战的消息，对世界来说，《中国报导》承担起了这个任务，我们坚信，所有热爱和平的人会同情和帮助中国，携手抗击人类和平共同的敌人。"④

《中国报导》的编辑、印刷、发行工作主要由叶籁士、乐嘉

---

① 萧红生于 1911 年，卒于 1942 年，是中国现代著名女作家。代表性作品有《生死场》《呼兰河传》《马伯乐》等。

② 端木蕻良生于 1912 年，卒于 1996 年，是中国现代著名作家。他曾任北京市作家协会副主席，代表作品有《科尔沁旗草原》。

③ 池田幸子生于 1913 年，卒于 1973 年，与丈夫鹿地亘同为日本著名反战作家，著有《最后日子的鲁迅》等。

④ 参见侯志平主编：《世界语在中国一百年》，100 页，北京，中国世界语出版社，1999。

煊、霍应人、先锡嘉负责，撰稿者包括绿川英子、钟宪民、许寿真[1]、冯文洛[2]、张闳凡[3]等人。该刊除介绍中国政治、经济、文化等，还每期报道中国抗战的情况，以期赢得世界关注和支持。他们将刊物寄给五六十个国家和地区的世界语组织和个人，之后纷纷收到苏联、法国、加拿大、荷兰等国的读者来信，赞扬中国人的抗战精神，并表示声援。

中国报导社除摘译毛泽东的著名理论著作《论持久战》[4]，还编辑出版了抗战文艺选集《归来》（Reveno，李辉英等著，钟宪民译）、戏剧集《转形期》（Transformiĝo，宋之的等著，冯文洛译）等文艺书籍。阳翰笙[5]回忆说："三厅搞世界语的同志总共才四五名，但是他们能量很大，工作热情更高。"[6]另据秦凯基[7]回忆，当时世界语者尽管任务繁重，但工作氛围非常融洽，他们"时常聚在一块讲世界语，唱世界语歌，说说笑笑，充满亲切欢

---

① 许寿真生于1914年，卒于1949年。他1933年开始学习世界语，曾主编《西安世界语者》等刊物。1948年因反对国民党被捕，次年被害。
② 冯文洛生于1901年，卒于1979年，是著名世界语专家。他曾任中华全国世界语协会常务理事，参与《鲁迅小说集》《毛泽东选集》的定稿工作，编有《世界语中文大辞典》等。
③ 张闳凡生于1910年，卒于1989年。他1932年开始学习世界语，曾任中华全国世界语协会理事等职，编有《世界语汉语词典》，译有《柴门霍夫评传》等。
④ 毛泽东的《论持久战》于1938年7月1日在延安《解放》杂志第43、44期刊出。同月，单行本出版。《中国报导》的《论持久战》世界语译文分几期刊出。
⑤ 阳翰笙生于1902年，卒于1993年，是著名剧作家、小说家。他1925年参加革命，曾任全国文联党组书记、中国亚洲团结委员会副秘书长等职。主要作品有《地泉》《塞上风云》《天国春秋》等。
⑥ 参见阳翰笙：《风雨五十年》，210页，北京，人民文学出版社，1986。
⑦ 秦凯基生于1923年，1939年开始自学世界语，曾任中华全国世界语协会名誉理事等职，编有《世界语新词典》《世界语汉语词典》等。

乐的气氛"①。

1939 年 7 月 5 日,郭沫若父亲郭朝沛去世。8 月 21 日举行家祭,毛泽东、周恩来、蒋介石等送了挽联。霍应人与乐嘉煊、先锡嘉、勾适生、傅俊仪敬送彩幛,上书"峨岭钟灵"四个大字。②

1939 年 11 月,长女霍立林出生。

1940 年 1 月 15 日,霍应人在重庆《文学月报》③第 1 卷第 1 期(创刊特大号)发表译诗《给孩子们》。原作者为苏联诗人 M. 季莫宁,译者署名亚克。该诗首先肯定了孩子们热爱大自然的天性:"你们爱好丛林, / 野花 / 和那被阳光 / 晒热的河水";接着赞美孩子们所处的新时代:"斯大林就好像 / 自由和光荣的太阳 / 微笑地照耀着 / 幸福的童年";最后还给孩子们展望了美好的未来,或者说提出了殷切的期望:"到你们将来的好的时光 / 在全能的国度里, / 在英雄的土地上, / 一切都要光大,发扬。"

1940 年 3 月 15 日,霍应人翻译的 VOKS(苏联对外文化协会)通讯稿《白俄罗斯诗人——杨卡·库巴拉》,发表于重庆《文学月报》第 1 卷第 3 期第 134、137 页,译者署名亚克。杨卡·库巴拉是白俄罗斯著名诗人和翻译家。该文概述了他的生平、文学道路、创作和翻译成就,较为细致地分析了他的艺术特点:"在诗歌技术底高度方面,在语言方面,在主题底变化方面,在关于各种民间传说、民谣、故事底高度的形式化方面,白俄罗

---

① 参见《秦凯基的回忆》,见乐美素主编:《世界语者乐嘉煊纪念文集》,118 页,北京,中国文史出版社,2007。

② 参见中国人民政治协商会议乐山市沙湾区委员会文史资料研究委员会 1987 年编:《沙湾文史》第 3 辑,德音录专辑,11 页。

③ 1940 年 1 月 15 日,《文学月报》月刊创刊于重庆,由孔罗荪、戈宝权等负责编辑,读书生活出版社发行。该刊旨在发扬"年青的、战斗的姿态"和"健康的、坚实的精神"。

斯的文学史上没有人能比得上库巴拉的。库巴拉底文体底特点，是内在的韵律底不断的使用，这种韵律对于他的诗增加了特殊的声调和音韵的浮雕。"该文还高度肯定了库巴拉在文学史上的地位，写道："库巴拉底作品对于十月革命后的新诗人有很大的影响。他的诗在白俄罗斯的文学语言底发展上具有极大的意义。"

1940 年 3 月，叶籁士、乐嘉煊、霍应人等人为满足世界语学习者的需求，在中共中央南方局宣传部领导下，自己出资与第三厅之外的冯文洛等人发起成立了重庆世界语函授学社。该学社通过传播世界语，教育、团结了一批进步青年共同抗日。学员人数难以计数，持续了四五年时间。它后来还编辑出版了《现代中文世界语辞典》（订正再版）、《各国谚语选集》（叶籁士编）、《世界语歌曲集》（许寿真编）、《世界语初级语法》（钟宪民编）、《世界语分类词典》（亚克编）等众多世界语书籍。

国民党曾于 1938 年秋、1939 年下半年，多次提出第三厅文化人士集体加入国民党的要求。按照蒋介石的手谕："凡在军事委员会各单位中的工作人员一律均应加入国民党。"[1] 1940 年夏天，国民党再次加以胁迫，但遭到郭沫若等人严词拒绝。据霍应人回忆："郭沫若说：'信仰佛教的不一定要当和尚，当了和尚的不一定真信佛。我们是为抗战而来的，不是为来加入国民党的。'郭沫若的话代表我们大多数人的意见，我们对国民党的要求置之

---

① 参见廖久明主编：《郭沫若研究文献汇要》（第 3 卷），430 页，上海，上海书店，2012。

不理，不久三厅即改组。"8月31日，郭沫若辞去第三厅厅长[①]
之后，下属三十人同时提出辞职。郭沫若向陈诚发了集体辞职电
报，写道："三十员亦均呈请辞职，拟请照准查。各该员服务以
来，工作亦有努力，可否亦援例，各发恩饷三月之处。"[②] 本次提
出辞职的人员，就包括霍应人、叶籁士、乐嘉煊等世界语者。

正因遭到郭沫若等人严词拒绝，国民党决定改组第三厅，但
担心失去一大批精英文化人士，于是，另设一个学术研究机构，
即文化工作委员会（简称"文工会"），由郭沫若领导，仍归属
政治部。9月10日，郭沫若在赖家桥草拟了"文化工作委员会
大纲"，包括机构、工作范围、经费、人员等。9月17日，政治
部部长张治中聘任郭沫若为文工会主任委员。经过一个多月的筹
备，文工会于11月1日正式成立。"根据周恩来指示，要造一个
声势，以显示我们的力量。"[③] 为此，政治部于12月7日在中国电
影制片厂抗建堂招待重庆文化界新闻界人士，正式对外宣布。周
恩来、黄炎培、茅盾、老舍、冯玉祥、于右任等400余人与会。
周恩来等350多人在郭沫若题写的"招待陪都文化界新闻界题
名"单上签名留念，霍应人与叶籁士、乐嘉煊、先锡嘉等世界语

---

① 关于郭沫若辞去厅长的时间，颇多含糊说法。廖久明综合各种说法，参阅相关史料，
指出："郭沫若辞去第三厅厅长职务的时间可以具体到1940年9月3日前。"参见廖久
明：《郭沫若辞去政治部第三厅厅长时间》，载《现代中文学刊》，2020（4）：17。但
根据沈卫威整理的中国第二历史档案馆藏"第三厅"密码电报底稿，8月31日郭沫若
向陈诚发出了下属30人同时提出辞职的急电。参见沈卫威：《新发现抗战期间郭沫若
未刊电文稿本91件释读》，载《文艺争鸣》，2022（5）：53。这说明，郭沫若提出辞
职的时间至少不迟于8月31日。

② 参见沈卫威：《新发现抗战期间郭沫若未刊电文稿本91件释读》，载《文艺争鸣》，
2022（5）：53。

③ 参见翁植耘：《笔剑无分同敌忾——郭沫若领导的文化工作委员会成立时的〈签名
轴〉》，载《社会科学》，1984（1）：47。

同仁也签了名。12 月 8 日重庆出版的《新华日报》，以《文化界空前盛会 政治部招待文化新闻界》为题，对此做了报道。

新成立的文工会，由郭沫若、阳翰笙分别任正副主任。专任委员有茅盾等 10 人，兼任委员有陶行知等 10 人。下设三个组，第一组开展国际问题研究（共 18 人），组长为张铁生，因未到任，实际由蔡馥生代理组长，组员有霍应人、叶籁士、先锡嘉、乐嘉煊、高植[①] 等 10 人，雇员有郑林曦[②] 等 5 人。因为蒋介石发布了"只许做研究工作，不许从事对外政治活动"这一禁令，文工会的工作相对清闲，实际上无任何具体工作任务。于是，霍应人等人开始大量从事翻译和写作。据霍应人自述："我在这时则做一些苏联文学的介绍工作（使用笔名亚克），翻译了不少诗歌，发表在《文学月报》和《中原》上面。万行史诗《沙逊的大卫》就在这时候译出的。"

1940 年 12 月 12 日，重庆《文学月报》第 2 卷第 5 期第 208 至 209 页，刊载了霍应人译的"苏联新共和国诗选辑"，译者署名亚克。该期为"苏联文学专号"，设有"苏联新共和国文学介绍"栏目。该栏目除亚克的译诗，还有王语今译的小说《渔夫之子》（拉特维亚拉齐斯作）和王春江译的小说《边境》（立陶宛兹维尔卡作）。"诗选辑"共四首诗，依次分别是《我的国家》（立陶宛刘达斯·季拉作）、《母亲底歌》（爱沙尼亚玛丽亚·温捷克作）、《相遇》（拉特维亚爱尔玛尼斯作）和《蛇麻草》（拉特维亚

---

① 高植生于 1911 年，卒于 1960 年。他致力于俄罗斯文学翻译和研究，译有托尔斯泰小说《安娜卡列尼娜》等，著有《论列夫·托尔斯泰的著作》。

② 郑林曦生于 1914 年，是著名语言学家、文字改革研究者，曾编著《现代汉语通用字简化全表》《汉语拼音常识》等书籍。

扬·爱塞琳希作）。

季拉的诗节译自叙事诗《旧的立陶宛》，写出了立陶宛"光荣的时代已终了"，而现在遭遇的却是残败的现实。该诗起首一节和结尾一节重复："在立陶宛我的故乡／有着贫穷的一面，／它拖着不堪忍受的悲苦压迫／过了一天又一天……"温捷克的诗先描摹出了"小宝宝"的憨态以及母亲发自内心的喜爱，接着表露了母亲对孩子成长的担忧："黄金般平安的日子很快就要消逝"，"那时候你的忧虑和悲伤也要长大起来"，"你自己将要穿过苦难底恶劣天气"。爱尔玛尼斯的诗通过书写"你由井里打出水来"，胸前插着"鲜艳美好的素馨花"，"我的爱"、水和素馨花三者"相遇"，浑然一体，委婉地表达了爱情。爱塞琳希的《蛇麻草》也是一首爱情诗，写出了因"在天边远处也找不到我的意中人"而心烦意乱，犹如一株蛇麻草。

1941年1月1日，霍应人的译文《日本战时经济中的劳动力问题》，刊载于重庆《战时日本》[①]第4卷第3、4期合刊（春季特大号）第129至133页，译者署名霍应人。该特大号设有"日寇内部危机"栏目，除霍应人译文，还载有谢南光的文章《再谈"东京政权"的内讧》、高詠的文章《论敌国"大政翼赞运动"》和李纯青的文章《评"大东亚经济集团"（续）》。霍应人的译文节译自《世界经济与世界政治》1940年第1期，原作者为苏联的尤·达维多夫。该文共包括"战时经济与劳动市场""采矿业中

① 《战时日本》月刊是日本军事政治经济社会文化综合研究刊物，1938年在汉口创刊，由宋斐如编辑、战时日本研究会出版发行，1942年1月15日停刊。该刊以"激发民族精神，暴露敌人弱点，提高民族自信心"为主旨。宋斐如生于1903年，卒于1947年，抗日战争期间曾任中苏友好协会干事，抗战胜利后去了台湾，著有《宋斐如文集》（五卷本）。

的劳力问题""战时经济对于劳动者的不良影响""日本劳动力问题的展望"等四个部分，集中展现了日本穷兵黩武的反动政策和内部危机日益严重的局面。如此译文，对鼓舞中国人民增强战胜日本帝国主义侵略者的信心自有重要意义。在日本侵略者大肆进攻中国而抗战进入持久阶段之后，如何调动中国人民齐心抗日的信心和决心就显得至关重要。为此，不少文化人士加入了通过揭示日本侵略本性、暴露日本内在危机而提升中国人民抗战士气的行列。霍应人即是其中之一。

1941 年 1 月 12 日，苏联塔斯社中国分社招待重庆文化界和新闻界茶话会，霍应人与郭沫若、茅盾等 300 余人参加。

1941 年 2 月 15 日，霍应人的译诗"古乔治亚民谣两首"发表于重庆《文学月报》第 2 卷第 6 期第 264 页，署名亚克。"古乔治亚"，现译为格鲁吉亚。《农夫底歌》旨在影射和批判官僚剥削、压迫底层民众。"我"把"倾倒在地窖里的谷子"拿出来晾干，结果引来了"成群地飞旋"的鸟儿。"我"拿棍子把鸟儿驱赶，结果它们"飞到城里，/为的要向王爷去报告"。之后，"王爷"牵走了"我"的"红色的公牛""黑色的牝牛"和"白色的雄马"，几乎拿走了"我"的一切。《勇敢的武士》先把真正勇敢的武士比作狼和鹰，歌颂他们以战死沙场、保卫国土为荣的精神。接着，它又以赖在床上、亲吻老婆的逃兵作为反衬。他们最大的区别在于：武士察看自己的匕首是否锋利，但逃兵却"亲望着老婆底奶头"是否干瘪。

1941 年 7 月 20 日，霍应人参加重庆各界文化人士在文工会赖家桥乡下办公处举行的聚会，纪念鹿地亘负责的在华日本人民反战同盟总盟成立一周年。郭沫若、阳翰笙、老舍等 60 人与会，并签名留念。郭沫若在签名单上题诗，其中两行为："革命精神昭日月，同盟基业奠金刚。"①

1941年7月27日，重庆文化界举办郭沫若回国四周年纪念，周恩来、邓颖超等人参加，并签名留念。霍应人与乐嘉煊、郑林曦、高植等世界语同仁也参加此次活动，霍应人签名为亚克。

1941年10月，霍应人编的《世界语分类词典》由重庆世界语函授学社发行出版，署名亚克。该词典为32开本，共62页，分时间、矿物、人体、衣服等26类编排。

1941年11月16日，中苏文协大楼举行800余人出席的茶话会，纪念"郭沫若先生创作生活二十五周年和五十寿辰"。冯玉祥致开幕词，周恩来、老舍、郭沫若等先后讲话。据阳翰笙回忆："这是'皖南事变'以后朋友们第一次兴高采烈地相聚在一起。大家是这样的兴奋和激动，感到此时此刻在愁云惨雾的白色恐怖笼罩下的重庆，自己并不孤单，并不冷寂。只要大家紧紧地靠拢在一起，就有热，就有光，就有信心，就有力量，这个力量是无比强大的。"②本次活动由周恩来于10月上旬发出倡议，旨在宣扬坚持抗战、彰显进步主张，进一步明确了郭沫若是继鲁迅之后中国新文化运动的又一面旗帜。在次日《新华日报》发表的社论《我要说的话》中，周恩来写道："郭沫若创作生活二十五年，也就是新文化运动的二十五年。鲁迅自称是'革命军马前卒'，郭沫若就是革命队伍中人。鲁迅是新文化运动的导师，郭沫若便是新文化运动的主将。鲁迅如果是将没有路的路开辟出来的先锋，郭沫若便是带着大家一道前进的向导。"霍应人等世界语者

① 参见邱宗功主编：《和平村与反战运动》，133页，北京，中国文联出版社，2010。
② 参见阳翰笙：《回忆郭老创作二十五周年纪念和五十寿辰的庆祝活动》，载《新文学史料》，1980（2）：128。

不仅参加了本次活动，还在《中国报导》出版了《郭沫若先生创作二十五周年纪念特刊》。

1942 年 7 月 30 日，《文艺阵地》^①第 6 卷第 6 期刊载了霍应人译西蒙·李普金著《〈江加尔〉俄译本序》（载第 23 页）、卡尔美克民族史诗《江加尔》（节译本，载第 24 至 31 页）和采陵·列季诺夫著《苏联卡尔美克的文学艺术》（载第 32 页），译者均署名亚克。

在《江加尔》俄译本的序言中，李普金写道，"英雄的史诗《江加尔》是卡尔美克人底民间创作底最伟大的文献"，"这个诗篇底惊人的文学编织、虚构和想象底丰富，诗歌底音乐性，很久以来就已经引起了东方学者们底注意。由它的艺术成就上看来，《江加尔》和那些史诗作品如《伊利亚特》和《奥德赛》是有同等的价值"。他还简述了《江加尔》的形成历史、对于卡尔美克民族的重要性、基本内容以及翻译状况。

《文艺阵地》第 6 卷第 6 期的目录中虽标明有"江加尔（史诗）"，但正文中并未出现，标题反而是"天下第一美男子明江盗窃土耳其可汗底万匹斑黄去势马群之歌"。其实，这只是《江加尔》中的一节。译文末标明"一九四〇年十二月廿二日译完"。这是一首歌颂明江、江加尔、萨戈尔等英雄的诗，同时也表达了对幸福生活的美好向往。正当"幸福种族"崩巴国的武士们"在大宴会中兴高采烈的时候"，族长江加尔"流出了两滴宝贵的泪

---

① 《文艺阵地》为半月刊，1938 年 4 月 16 日创刊于汉口，后转移到重庆，由茅盾主编、生活书店经售发行，主要登载文学类作品。《发刊词》写道："我们现阶段的文艺运动，一方面须要在各地多多建立战斗的单位，另一方面也需要一个比较集中的研究理论、讨论问题、切磋观摩——而同时也是战斗的刊物。《文艺阵地》便是企图来适应这需要的。"

珠"，为此，"江加尔底武士们踌躇着面面相观"。江加尔之所以流泪，只因为"傲慢的土耳其苏丹早已准备着了，/要用自己的狂暴的去势马群/来进行这次战争"。面对这种情况，偷盗那些"去势马群"就成了当务之急。于是，江加尔提议由"不朽的家庭里的光荣的人员，/我们的天下第一美男子……/勇敢善战的武士"明江来承担这一艰巨任务。明江最初虽有所抱怨和畏惧，但在萨戈尔等武士的鼓励下，他骑着战马索洛夫加去履行这一光荣的使命。他在爱马的辅助下，利用智谋，历经险阻，最终成功将土耳其的"去势马群"朝着崩巴国的方向驱赶。就在祖国近在眼前之际，敌人追赶而来，杀死了他的爱马，也俘虏了他。得知他陷入危机之后，崩巴国的勇士立刻前去支援，成功将他救回，同时俘虏了敌将。该诗最后写道，江加尔宽大为怀，不仅释放了俘虏，而且归还了马匹，欢宴再次开始；崩巴国"从这时候起进入了黄金般的完美，/从这时候起这个强盛英勇的民族/就开始生活在和平、满足和幸福里"。

《苏联卡尔美克的文学艺术》主要介绍十月革命后卡尔美克的文学和艺术发展状况，论及苏塞也夫、夏尔布洛夫等文学家和翻译家，以及李基也娃、爱伦捷诺夫等艺术家的贡献。作者承认苏联卡尔美克的"文学和艺术还很年轻"，但对其充满了信心，认为"它们却有着美丽的将来"。

1942年10月15日，桂林萤社出版了霍应人的《沙逊的大卫（阿美尼亚民族史诗）》节译本，译者署名亚克。应陈原[①]请求，

---

① 陈原生于1918年，卒于2004年，是著名语言学家、编辑出版家、世界语专家。他曾任人民出版社副总编辑、文化部出版局副局长、国家语言文字工作委员会主任。著有《社会语言学》等，译有《苏联新地理》等。

该译作被纳入其主编的"世界文学连丛"（前后共出三种，其二为《量规虫》和《青铜的骑士》）。1940年春，霍应人即开始翻译《沙逊的大卫》。1947年1月茅盾访问亚美尼亚共和国时，介绍了该书的中译本。他在2月7日致戈宝权①的信中写道："他们还知道《大卫·沙松》也译了，都盼得中译本。请兄即为物色，觅便寄来。"②

该译本前有俄译者弗拉季米尔·捷尔热文撰写的"序言"（载译本第1至6页），起首就指出："阿美尼亚人民底千年的史诗《沙逊的大卫》，由理想的深刻与形式底丰富和调和上看来，是一篇无比的诗歌文献，是全世界最伟大的民族史诗之一。"接着，俄译者较为详细地介绍了史诗的情节。该序言以如下文字结束："十月革命带给了苏维埃领土上各民族无阶级的社会，在这个社会里，每个劳动者都享受着自由、平等和幸福的生活。"

俄译者序后，是戈宝权撰写的长篇文章《介绍阿美尼亚民族的史诗〈沙逊的大卫〉》（载译本第7至39页）。他充分肯定了史诗的艺术成就，并参照俄文全译本，详细介绍了史诗的情节，最后提到"1939年是《沙逊的大卫》这部史诗的千年纪念"及其他纪念活动。

译本正文（载第40至140页）首页用大字号标明了史诗题名，左面用小字号标出了节译本的实际内容："大卫和密斯拉麦立克的战斗。"该节译本包括13节，第一节为"密斯拉麦立克

---

① 戈宝权生于1913年，卒于2000年，是著名的苏联文学专家、翻译家，曾获苏联最高文学奖"普希金文学奖"，被授予苏联艺术科学院"外籍名誉院士"。他译有《普希金文集》《高尔基小说论文集》等，著有《中外文学因缘》等。

② 参见戈宝权：《忆和茅盾同志相处的日子（五）》，载《新文学史料》，1982（3）：182。

号召战争"，第二节为"密斯拉麦立克底远征"，第三节为"沙逊城的骚动"，第四节为"大卫准备应战"，第五节为"大卫跟沙逊人告别"，第六节为"大卫在异泉"，第七节为"大卫跟阿拉伯军队的战斗"，第八节为"大卫和阿拉伯老翁"，第九节为"大卫上了麦立克的当"，第十节为"奥乾驰救大卫"，第十一节为"大卫跟密斯拉麦立克的战斗"，第十二节为"大卫宽大为怀"，最后一节为"大卫荣归沙逊城"。

译本后附有主编陈原写的"后记"（第141页），全文如下："《沙逊的大卫》是一部辉煌的史诗。你看它的构造、语句和风格，完完全全是民众的！戈宝权先生的介绍非常详尽，这里不再多说了。我们希望有这样的幸福：把著名的史诗都陆续请人翻译出来，上自荷马，中间经过中世纪的《罗兰之歌》，以至当今苏联的五大史诗。这倒有不小的意义呢！"

霍应人寄给陈原的《沙逊的大卫》译稿，差点毁于日本军机对重庆的大轰炸当中。陈原回忆说："四十年代我的寓所被日本轰炸机击中，一切书籍和手稿、资料都毁于火，唯独这部译稿刚寄到，我顺手抱起邮包就奔上屋后的小丘，幸免于难，印出来也算一个纪念：侵略者的炸弹是消灭不了文化的。"[①]

1942年11月7日是十月革命纪念日，霍应人与绿川英子等世界语同仁在该日出版的《新华日报》第六版发表了《世界语者致苏联朋友信》，霍应人署名亚克。全文如下："亲爱的苏联朋友们：当你们的伟大的十月社会主义革命二十五周年到来的时候，我们——中国青年世界语者——谨以诚恳和愉快的心情向你们庆

---

① 参见陈原：《隧道的尽头》，138页，北京，商务印书馆，2019。

贺。中国人民和你们永远紧密地站在一起。你们抵抗德国法西斯侵略者的胜利，时刻在鼓舞着我们，希望在这次的纪念十月革命当中，能给我们带来新的和更大的胜利消息。"

1942年12月15日，重庆《新华日报》第四版刊载了霍应人的文章《"希望"——为柴门霍夫博士八十三诞辰纪念而作》，署名亚克。同期还载有亦人著《世界语者之歌》。霍应人回顾了世界语创始人柴门霍夫[①]力排险阻为理想而奋斗的历程，高度称赞他为人类做出的贡献，认为其成就"并不比拍尔、马可尼等科学家差些"。他写道："柴门霍夫的国际辅助语的创造，使全世界各个不同的民族有了相互联络的工具，不仅如此，他还给人类一个'爱'的思想，即为人类和平而斗争的思想。"

1942年，霍应人编的中文世界语对照版《中国抗战歌选》（ĈINA KANTARO）由中国报导社出版、咏蔡乐谱刊印社印行，署名亚克。该书为16开本，共16页，收有《救国军歌》《义勇军进行曲》《军民合作》《慰劳伤兵歌》《太行山上》《哥哥上战场》《长城谣》《日落西山》等8首抗战和救亡歌曲，并附有钢琴伴奏谱。

1942年至1943年间，文工会的同志经常在晚上举行舞会，霍应人教那些不会跳舞的同志跳舞，进而掀起跳舞的热潮。据当时一起工作的版画家王琦[②]回忆，当时的文工会"实际上是一个进步文化人的俱乐部，上级机关政治部没有工作任务安排"；郭

[①] 著名语言学家、世界语创始人柴门霍夫生于1859年，卒于1917年，是波兰籍犹太人。他创造世界语，旨在通过这一"国际普通话"消除民族间的仇恨和战争，实现人类平等和友爱。

[②] 王琦生于1918年，卒于2016年，是著名版画家、艺术理论家。他曾任中国版画家协会主席等职，代表性作品有《北海之春》等。

沫若面对跳舞盛行的局面，"不止一次地在星期一早上的总理纪念周上大声疾呼，要大家振作起来，找些有益的事情来做，为将来胜利后的大好局面做些准备"。① 之后，经郭沫若策划安排，举办了多场高层次的学术讲座。当时讲学者除了郭沫若本人，还有杜国庠、侯外庐②、王崑仑③等知名学者。霍应人在几份自述中虽未提及跳舞的事情，但提到了当时重庆的讲学活动。

1943 年 1 月 1 日，重庆文化界联合举办沈钧儒七十寿辰庆祝活动。1 月 3 日出版的《新华日报》登载了郭沫若、茅盾、老舍等 50 人联名的贺辞。霍应人署名亚克。

1943 年 2 月 10 日，重庆世界语函授学社出版了霍应人与周庄萍、郑竹逸合编的《现代中文世界语辞典》订正版，分上、下两册。

1943 年夏天，霍应人得到了亚美尼亚国家出版社出版的《沙逊的大卫》俄文全译本，即着手翻译。9 月，霍应人译的《大卫与汉都特：苏联阿美尼亚民族史诗〈沙逊的大卫〉第三系第二部》，刊载于群益出版社④ 出版的《中原》第 1 卷第 2 期第 63 至 83 页，译者署名亚克。译诗前有亚克撰《前诗提要》，概述了史

---

① 参见王琦：《艺海风云》，79、80 页，北京，人民美术出版社，1998。

② 侯外庐生于 1903 年，卒于 1987 年，是著名历史学家、思想家和教育家。他曾主编《中苏文化》等刊物，先后任职于北京师范大学、北京大学、西北大学和中国社会科学院。著有《中国思想通史》《中国古代思想学说史》等。

③ 王崑仑生于 1902 年，卒于 1985 年。他 1941 年发起成立中国民主革命同盟，曾任北京市副市长、民革中央主席等职，著有《红楼梦人物论》等。

④ 1942 年 8 月 13 日，群益出版社在重庆挂牌成立，起初由郭沫若五哥郭开佐之子郭培谦任经理，刘盛亚任总编辑，郭沫若任董事长。"群益"二字分别取自郭宗益（郭培谦字宗益）和于立群（郭沫若夫人）的名字，意为"有益于群众"。该出版社后曾迁至上海和香港，1949 年复迁回上海，1951 年与海燕书店、大孚出版公司合并，1952 年再次与其他出版社合并，组建成了上海新文艺出版社。

诗前章《大卫和密斯拉麦立克的战斗》的主要情节。正文包括两部分，其中"大卫的结婚"14节，"大卫的死"5节。译诗后标注了时间："1942年10月14日译"，并有"附记"："本诗前章《大卫和密斯拉麦立克的战斗》已由桂林萤社印行单行本"。该译诗后来被编入人民文学出版社1957年出版的《沙逊的大卫》全译本，少量文字有改动。另，作家萧军[①]在1944年4月20日的日记中写道："下午和夜间读了一本杂志：《中原》一卷二期，其中有泰格瑞《艺术之意义》与《大卫与汉都特》（苏联阿美尼亚民族史诗《沙逊大卫》第三章第二部）使我很喜欢。"

1943年10月1日，霍应人与郭沫若等人聚餐喝茶，庆祝文工会成立三周年。

1943年11月16日，霍应人与文工会同仁及会外友人集体庆祝郭沫若五十二岁生日暨创作生活二十七周年。

1944年2月，霍应人参照俄译本，完成了《沙逊的大卫》全本的汉译工作。之后，戈宝权为新知书店编辑"世界史诗"丛书，也编入该书，但因故未能如期出版。

1944年4月2日，应郭沫若号召，霍应人等第三厅老同仁举办晚会，纪念三厅成立六周年。

1944年9月25日，霍应人以实际行动响应了郭沫若的讲学号召，主讲有关方言和文字革命的问题。阳翰笙认为，他的讲座"颇有些新的见解"[②]。文工会成立之后，郭沫若既为了履行国民政府给该会规定的核心职责——开展学术研究，又为了广泛联系群

[①] 萧军生于1907年，卒于1988年，中国现代著名作家。曾任全国文联委员、中国作家协会理事，代表性作品有《八月的乡村》等。

[②] 参见《阳翰笙日记选》，304页，成都，四川文艺出版社，1985。

众，铸就抗日文化战线，推动民主进程，亲自主办多次高质量的讲座、报告等学术活动。当时的主讲人既有张澜、沈钧儒等社会文化名流和邵力子、冯玉祥等国民党左派要人，还有郭沫若、茅盾、翦伯赞等文工会的委员和普通研究人员。比如，郭沫若曾讲过"古代社会研究"，冯玉祥讲过"三国故事"，翦伯赞讲过"新史学"，老舍讲过小说，田汉讲过戏剧。

1944年10月和1945年1月，国共两党为建立联合政府，两次进行谈判，但终因分歧太大而中断。之后，中国民主同盟、重庆妇女界等先后发表时局宣言，要求建立联合政府。经文工会核心成员集体商议，郭沫若撰写了《文化界对时局进言》，随后秘密发起签名活动。1945年2月22日，文工会的《文化界时局进言》在《新华日报》和《新蜀报》同时发表，并附有自然科学、社会科学、艺术等领域代表性人士312人的签名，霍应人是签名者之一。《新华日报》发表时更名为《对时局进言》（一般称"民主宣言"）。《进言》呼吁"由公正人士组织一个紧急会议"，进而组建战时政府，实现政治民主，匡扶大局，最后写道："我们恳切地希望，希望全国人士敞开胸襟，把专制时代的一切陈根腐蒂打扫干净，贡献出无限的诚意、热情、勇气、睿智，迎接我们民主胜利的光明的前途。"

1945年3月25日，霍应人应邀参加《文哨》座谈，出席者还有茅盾、夏衍、以群①、宋之的②、冯乃超、戈宝权、袁水拍③

---

① 以群即叶以群，生于1911年，卒于1966年，是著名文艺理论家。他曾主编高校教材《文学的基本原理》，著有《鲁迅的文艺思想》等，译有《苏联文学讲话》等。

② 宋之的生于1914年，卒于1956年，是著名剧作家。代表作有《雾重庆》《国家至上》等。

③ 袁水拍生于1916年，卒于1982年，是著名诗人、翻译家。他曾任中宣部文艺处处长等职，诗集有《马凡陀山歌》等，译作有《现代美国诗歌》等。

等。当时重庆进步文化界准备创刊《文哨》，召开本次座谈，旨在确定编辑方针。1945年5月出版的《文哨》创刊号，报道了此次座谈，题名为"我们的方向"。

1945年3月30日，文工会因发表《进言》，被国民党政府强行解散。次日，重庆《新华日报》等报刊登载了消息："郭沫若先生领导下的政治部文化工作委员会，已于昨日奉政治部张部长命令，予以解散。"经过四年多艰苦卓绝的奋斗，文工会走完了自己光荣的历程。阳翰笙曾说："文工会的斗争，配合了我党在抗战时期革命任务的全局，是我党在国统区工作的重要战线之一。"① 王锦厚也说："文工会是国共两党斗争的特殊产物。从诞生到解散，每一步都充满了斗争。张治中称它为'租界'，文化人称它为'解放区'，左翼人士称它为'战斗堡垒'。"②

1945年4月1日，霍应人与文工会同仁举行聚餐会暨恳谈会，纪念第三厅成立七周年。郭沫若在会议签名纸上写道："始于今日，终于今日；憎恨法西，勿忘今日。"③ 之后，各界开展了文工会慰问活动。

文工会解散之后，骨干成员转入了中苏文化协会④。该协会当时受到中共中央南方局的影响，已成为中国共产党在国统区开展宣传和统战工作的重要阵地。4月5日，郭沫若就任中苏文化协会研究工作委员会主任委员，具体工作由阳翰笙负责。4月9日，

---

① 参见阳翰笙：《风雨五十年》，265页，北京，人民文学出版社，1986。
② 参见王锦厚：《关于〈文工会签名轴〉二三事》，载《新文学史料》，2017（1）：49。
③ 参见《阳翰笙日记选》，365页，成都，四川文艺出版社，1985。
④ 1935年10月25日，中苏文化协会在南京成立，孙科任会长，蔡元培、于右任等任名誉会长，徐悲鸿等任理事。1937年11月由南京迁往武汉，1938年9月迁到重庆，1946年6月迁回南京。抗战期间，该协会是传播马克思主义的重要阵地。

阳翰笙到郭沫若家，商谈研委会事务。经研究，他俩决定介绍原在文工会工作的霍应人、朱海观①、蔡仪②等人去研委会工作③。之后，霍应人等人顺利入职。随着他们加入，中苏文化协会的进步力量进一步加强。

阳翰笙1945年的日记④中，多处记录了与霍应人、朱海观、葛一虹⑤等人商谈中苏文化协会工作的情况。比如，5月5日的日记中写道："晚与海观、应人商谈中苏研委会工作。商谈结果，工作决定马上开始，明天应人就得搬进'中苏'去"；5月6日，"约一虹、海观、应人在郭老家开了一次会。当郭面我们便把研委会每月的工作预算确定了下来"；5月8日，"到'中苏'，再与一虹、海观、应人商研会工作"；6月7日，"午与海观、应人谈中苏研委会工作甚久"；7月1日，"我便约着一虹、勉之、应人、海观开了一次会，专门讨论研究季刊的编辑问题"；7月14日，"齐修回城，托他带了两封信，一封给乃超，一封给海观、应人，均谈的是研委会工作及如何防止小人中伤暗算的问题"；10月11日，"晨往中苏与海观、应人商量十四号座谈会⑥的布置"；10月25日，"午后，约海观、应人商谈十月革命纪念征文

---

① 朱海观生于1908年，卒于1985年，是著名翻译家，曾任《世界文学》（前身为《译文》）编委。译有陀思妥耶夫斯基著《罪与罚》、海明威著《老人与海》等。

② 蔡仪生于1906年，卒于1992年，是著名美学家、文艺理论家。他著有《新艺术论》《新美学》《中国新文学史讲话》，另编写了《文学概论》《美学原理》等教材。

③ 参见龚继民、方仁念编：《郭沫若年谱》，608页，天津，天津人民出版社，1992；《阳翰笙日记选》，370页，成都，四川文艺出版社，1985。

④ 下列引文，分别参见《阳翰笙日记选》，378、379、389、396、400–401、431、435–436、440页，成都，四川文艺出版社，1985。

⑤ 葛一虹生于1913年，卒于2005年，是著名艺术理论家、翻译家和出版家。他曾任中国艺术研究院外国文艺研究所和戏剧研究所所长，编有《中国话剧通史》等。

⑥ 指的是中苏友好同盟条约座谈会。

的工作。检查的结果，所得的来文并不多，决定再普遍地发信去催一下"；11月6日，"十月革命节就要到了。晨到中苏与仲容、朱、霍诸兄谈明晨纪念会的布置事"。阅读阳翰笙的日记，我们大致可以了解霍应人积极参与中苏文化协会工作的相关情况。

1945年8月15日，朱培璜编辑、重庆侨声书店发行的《文学》革新特大号出刊，第123至124页登载了霍应人译的"战时乌克兰诗抄"，共3首，分别为密科拉·巴然作《誓约》、玛克沁·雷尔斯基作《寄语乌克兰》和弗拉季米尔·索秀拉作《我们要胜利的》。译者均署名霍应人，译文末标注"一九四五年二月三日译"。

巴然的诗表达了乌克兰人民与苏联各族人民同仇敌忾、抗击德国侵略者的决心和信心，其中写道："我们有共同的誓约和志愿／全民的斗争把我们团结在一起。／……我们要用钢炮和马枪弹／来回答敌人的暴戾。"该诗共5节，每节4行，每节均以"不会做德国人的奴隶"结束。《寄语乌克兰》包括6节，前5节每节6行，最后一节7行。诗人既对"敢像蝗虫一般／钻进了我们的家园"的胡作非为者满怀愤慨，也表达了"宁愿把我的舌头割去，／也不为异族的暴徒服役"的坚强决心。诗的最后隐喻了战胜敌人的时刻即将到来："已经是太阳出来的时候／由山后发出一片红光，／明亮的光芒／又普照着祖国的胸膛"。索秀拉的诗共3节，每节4行，全诗以"胜利将降临在／那真理和自由的地方"结束。正如题名所示，该诗表达的也是战胜敌人的男气和信心。

1946年4月15日，霍应人作为中国世界语协会的代表人，与冯文洛合写了《悼唁"四八"被难烈士》。全文如下："中央代表团并转中共中央诸位先生：惊闻若飞、邦宪、叶挺、邓发先生①等因飞机失事，全体遇难，曷胜痛悼！此次若飞先生等奔走和平促进团结为国牺牲，不仅为贵党之不幸，诚亦全国人民及世界民主阵营无可补偿之损失！兹谨向诸先生及诸遇难者家属致沉痛的悼唁，并希节哀珍重！"②

在中苏文化协会研委会工作期间，霍应人除承担机构运转、对外联络等具体事务，还大量开展翻译和写作。他在研委会的工作一直持续到了1946年6月该协会迁往南京。

①　若飞即王若飞，生于1896年，早年积极参与马列主义宣传，曾任中共中央秘书长，2009年被中央宣传部、中央组织部等11个部门联合评为"100位为新中国成立作出突出贡献的英雄模范人物"。邦宪即秦邦宪，又名博古，生于1907年，是中国共产党早期领导人之一，译有《联共（布）党史简明教程》等。叶挺生于1896年，是中国人民解放军创始人之一，2009年被评为"100位为新中国成立作出突出贡献的英雄模范人物"。邓发生于1906年，是中国共产党和中国工人运动早期的重要领导人。1946年4月8日，王若飞、博古、叶挺、邓发等人从重庆飞往延安途中，在山西兴县因飞机失事遇难。

②　载中共代表团1946年11月15日编辑出版的《"四八"被难烈士纪念册》第486页。

在南京

1945 年 8 月 15 日，日本向反法西斯同盟国无条件投降，中国人民长达 14 年的抗日战争取得了全面胜利。随后，国民政府也结束了在陪都重庆办公的历史。接下来，搬迁到重庆或在重庆新创的不少文化机关也陆续迁往南京，中苏文化协会即其中之一。

随着中苏文化协会在重庆的工作全面停顿，霍应人前往南京。1946 年 6 月，他入职苏联大使馆秘书处，之后负责编辑中文刊物《新闻类编》，直至 1949 年 6 月苏联大使馆的工作全面停止。霍应人在编辑刊物的同时，也大量从事翻译等方面的工作。当然，由于生性浪漫，他还时常参与各种社交和文娱活动。据王琦回忆，他曾从上海购买了一部留声机和许多日本古典音乐唱片，除自己每天欣赏那些美妙的乐曲，"有时还邀请几位友人来举办小型的音乐沙龙，在苏联新闻处工作的霍应人（亚克）和他的夫人陆慧年"等人即是座上客。① 王琦的回忆，再次印证了霍应人爱好艺术的本性。

1946 年 6 月 22 日，霍应人与先锡嘉拟去拜访作为第三方代表到南京参加国共和谈的郭沫若，不期然在车站遇见了郭沫若、

---

① 参见王琦：《艺海风云》，120 页，北京，人民美术出版社，1998。

冯乃超和曹靖华①三人。次日，霍应人与郭沫若、侯外庐、曹靖华、冯乃超、先锡嘉一起游览了玄武湖。关于这段经历，郭沫若散文《南京印象》②有所记载。第十一节《游湖》开篇即写道："一出玄武门，风的气味便不同了。阵阵浓烈的荷香扑鼻相迎。南京城里的炎热，丢在我们背后去了。我们一共是六个人：外庐、靖华、亚克、锡嘉、乃超、我。" ③

1946 年 7 月 16 日，《民主世界》④第 3 卷第 5 期出刊，第 16 至 17 页刊载了霍应人的译文《科学与人民》，原作者为苏联的瓦维洛夫，译者署名应人。该文高度称赞了苏联科学院为科学献身的精神，十月革命之后它的新变化和新成就，它所担负的"在短期内把自己的文化与科学提高到新的高度"这一光荣使命，以及列宁、斯大林等领袖对科学工作的关心和支持。文章写道："十月革命摧毁了科学与人民之间的藩篱，使学者们接近了生活，并

① 曹靖华生于 1897 年，卒于 1987 年，是著名翻译家、散文家和教育家。他曾主编刊物《世界文学》，荣获苏联最高苏维埃主席团友谊勋章，译有《铁流》等众多苏联文学作品，著有《俄国文学史》《春城飞花》等。
② 《南京印象》共 17 节，先在中华全国文艺协会重庆分会主办的刊物《萌芽》1946 年 9、10、11 号连载（分别于 8 月 15 日、9 月 15 日、11 月 15 日出刊），群益出版社 1946 年 11 月出版了单行本。
③ 关于这次与郭沫若一起游湖的人，李源在《郭沫若游后湖》（载《南京文史》1997 年第 3 期第 42 页）和《玄武湖餐饮生活》（载《美食》2002 年第 3 期第 52–53 页）二文中均写道："他与好友侯外庐、曹靖华、亚克、卢嘉锡、冯乃超等 6 人。"李源未搞清"亚克"为何人，也搞错了"锡嘉"的姓和名。此处的"亚克"，即霍应人。"卢锡嘉"当为先锡嘉。
④ 钟天心主编的《民主世界》为半月刊，1944 年 5 月 5 日创刊于重庆，1946 年 5 月迁至上海出版，1946 年 12 月出至第 3 卷第 9 期停刊。该刊主要刊载研究三民主义、提倡民主政治的文章，也刊载杂文和小品文。钟天心生于 1903 年，卒于 1987 年，是国民党"太子派"的骨干。他曾主编《改造月刊》《新战线》《民主世界》等刊物，1949 年冬赴香港，1966 年转赴台湾。

且把科学的活动范围发展到前所未有的新阶段。"

1947 年 2 月 10 日，《中苏文化》^① 第 18 卷第 1 期第 31 至 33 页刊载了霍应人的译文《柏林斯基^② 论普式庚^③》，署名亚克。该期特设"普式庚逝世一百十周年纪念"专栏，除霍应人的译文，还有努西洛夫著、沈思译《诗人和他的世界认识》，张西曼^④ 著《普式庚逝世百年纪念会追记》等文章。霍的译文分别节选自别林斯基著《普式庚的作品》和《文学狂思》，共 14 节。在选文中，别林斯基不仅对普希金的文学成就、文学史地位、诗歌风格等做出了整体评判，称他为"俄罗斯民族的人民诗人"和"一个真正的艺术家"，还具体论及《奥涅金》《波利斯·戈都诺夫》《在模仿修道院劳动中》《大彼得的宴会》等作品。

1947 年 3 月 31 日，霍应人的译文《苏联文学家和艺术家的战后工作计划》和《苏联的女作家》，分别刊载于《中苏文化》第 18 卷第 3 期第 40 至 43 页和第 43 至 45 页，前者署名霍应人，后者署名亚克。

前文译自苏联新闻处特供稿，包括：作曲家 D. 萧斯塔可维奇撰《我在写作歌剧〈青年近卫军〉》，作曲家 S. 普罗柯菲耶夫撰《我在完成第六交响乐》，作家 I. 爱伦堡撰《我在准备长篇

---

① 1943 年 1 月 30 日，综合类刊物《中苏文化》创刊于重庆，由中苏文化协会杂志委员会（王昆仑任主任委员，侯外庐任副主任委员兼主编）编辑出版。该刊旨在研究中苏两国文艺和学术，促进两国文化交流。

② 现在通译为别林斯基。别林斯基生于 1811 年，卒于 1848 年，是俄国 19 世纪上半叶著名的革命民主主义文学批评家。他为批判现实主义理论的发展奠定了重要基础。

③ 现在通译为普希金。普希金生于 1799 年，卒于 1837 年，是俄国著名诗人和作家，代表性作品有《假如生活欺骗了你》《叶甫盖尼·奥涅金》《上尉的女儿》等。

④ 张西曼生于 1895 年，卒于 1949 年，是中国早期马克思主义传播者、九三学社创始人、著名国民党左翼人士和进步社会活动家。他译有《俄国共产党党纲》《苏联宪法》等。

小说〈暴风雨〉》，剧作家 V. 索洛维耶夫撰《揭露胜利奥秘的剧本》，作家 B. 高尔巴托夫撰《关于苏联北极的剧本》，诗人 P. 安托珂尔斯基撰《战后的我的创作》，画家 P. 索科洛夫 - 斯卡里亚撰《我在战后描绘战争的题材》，画家 K. 尤昂撰《我在画俄罗斯的风景画》。苏联情报局曾征询一些苏联作家、作曲家和艺术家战后的工作计划。他们在回复中，表达了以艺术还原苏联人民的英勇斗争、歌颂祖国大好河山的决心。比如，爱伦堡①写道："我正在写一部长篇小说《暴风雨》。在这部小说中我要表现一些普通人在暴风雨年代的命运，不仅是表现他们的行动，而且还有他们的心灵世界；说明人们怎样经住了考验。"

《苏联的女作家》原作者为 U. 密尔斯卡娅和 M. 斯枚里亚诺夫。该文先指出"在苏联的文学生活中妇女作家占着显著的地位"，接着主要介绍了 M. 莎吉孃、V. 英贝尔、A. 卡拉瓦也娃、V. 瓦西列夫斯卡、M. 阿丽格尔、V. 潘诺娃、K. 尼古拉也娃等 7 位女作家，并认为，通过这几位"苏联文学界的女性活动分子"，便可以"认识她们的天才是如何多样性与有成就的了"。

1947 年 10 月 25 日，《中苏文化》第 18 卷第 9、10 期合刊出版，霍应人的译文《苏联的斯大林奖金》载于第 16 至 22 页。译者署名应人，原作者为华西里科夫。文章首段就指出，斯大林的"名字在苏联成了苏维埃国家各族人民道德与政治统一的象征"，接着介绍了斯大林奖金的门类、评奖机制、各个领域代表性的获奖人等，最后借斯大林的话总结了获奖人共同的成功秘诀："我想，布尔雪维克们会使我们回忆起希腊神话的英雄安蒂。他们和

---

① 伊利亚·爱伦堡生于 1891 年，卒于 1967 年，是著名的犹太裔苏联作家，曾两次荣获斯大林奖金。1954 年，他发表中篇小说《解冻》，开创了解冻文学潮流。

安蒂之所以有力量，是因为跟自己的母亲、跟群众保持着联系，母亲和群众养育了他们，教育了他们。当他们跟自己的母亲、跟人民保持着联系时，他们就有机会成为不可战胜的人物。"

《世界月刊》① 第 2 卷第 4 期于 1947 年 11 月 1 日出刊，刊载了霍应人的文章《漫谈舞蹈的新型式》，署名亚克。在该文中，他集中谈论了观看育才学校在兰心剧院演出的舞蹈音乐会之后的感受。他写道：该演出"给了所有观众们极大的兴奋，并获得了一个清新的认识"，"笔者由于对舞蹈的偏爱，写下一点普通的感想。因为笔者认为这种新型的舞蹈不仅成就了一个新的型式，而且已经走上了活跃而健康的正确的道路"。他充分肯定"每个节目都具有其基本的主题和含义"，"而在型式上，则各自以编舞者个人底修养造诣与认识上的深浅而表现出不同的作风"。尽管如此，他也指出了演员基本训练不够、音乐与舞蹈不够和谐等缺点。

1947 年 12 月 31 日，霍应人的译文《苏联的自动无线电气象台》，刊载于《中苏文化》第 18 卷第 12 期第 41 页。原著者为 V. 普托兴，译者署名应人。该文主要介绍苏联专家克服诸多技术难题，终于发明自动无线电气象台。其优点在于，"在一年之内不用人照管而同时在各种困难的条件——雨，风暴，雪，严寒——下也可以工作"。

1948 年 6 月 20 日，霍应人的译诗《誓约》刊载于革新后的

---

① 1946 年 11 月，林素珊主编的综合类刊物《世界月刊》创刊于上海，由世界出版社发行。该刊主要刊载与二战后世界各国的政治、社会、经济、文化发展动态有关的文章。

《国防新报》^①第 3、4 期合刊第 37 页。原作者为乌克兰诗人密卡拉·巴然，译者署名亚克。该译诗曾发表于 1945 年 8 月 15 日重庆出刊的《文学》革新特大号第 123 至 124 页。

1949 年 1 月 15 日，霍应人撰写的文章《女教师莱奥诺娃》刊载于《人物杂志》第 4 卷第 1 期（创刊三周年纪念特大号）第 14 至 15 页，署名应人。该文旨在介绍苏联最高苏维埃代表莱奥诺娃的奋斗历程，揭示其高洁品格。在作者看来，莱奥诺娃是典型的社会主义新人，她之所以备受选民爱戴，就在于"她对人特别关心，能够跟最不相同的人们谈得来，渴望成为对自己同胞有用的人，对人民的责任心高度发展的情绪"。

1949 年 4 月 21 日南京解放，霍应人仍在苏联大使馆工作。据他自述，当时他"工作很紧张，热情也很高"，"以激动愉快的心情迎接解放军到来"，南京解放之后，"苏联新闻处的阅览室每天都挤满了人（解放前因受到国民党特务的威胁，来看书的人很少）"。

1949 年 5 月 1 日，霍应人的译诗《新旧办移交》刊载于《中苏文化》第 20 卷第 5 期第 22 至 23 页、第 25 至 27 页、第 31 至 36 页。该译诗配有美国军事分布图、森林掩蔽带与保土植林分布图、国家银行、食品商店、红军中央俱乐部、普希金诞辰、莫斯科剧院等图画，诗的内容与画传达的意象融为一体，相映成趣。原诗作者为 A. 贝兹明斯基，画的作者为 I. 谢缅诺夫，译者署名亚克。该诗其实写的是辞旧迎新，先以"一九四八年同志"

---

① 1947 年 1 月，姜豪主编的国防教育研究半月刊《国防新报》创刊于上海，1948 年 3 月出版了复刊革新号，同年 11 月停刊。该刊关注现实，登载了不少与国防建设密切相关的专论，也刊发文化类文章。

向"一九四九年同志"介绍的口吻，呈现了苏联过去一年在军事、经济、文化等领域取得的成就，最后"一九四九年同志"向"一九四八年同志"表达了感谢，指出"你的战斗工作 / 苏维埃国家实引以为荣"，并表达了投身祖国建设的决心："我要推进建设事业继续向前，/ 我发誓，我将配得上 / 伟大领袖的称赞！"

1949 年 6 月 20 日，霍应人译的俄罗斯经典诗人普希金叙事长诗《死公主和七武士的故事》，刊载于《中苏文化》杂志第 20 卷第 6 期第 1 至 7 页，译者署名亚克。该期设有"纪念普希金一百五十周年诞辰"栏目，除了霍应人的译诗，还载有守拙译《丽莎的烦恼》和《别墅中来了客人》，贝拉索夫斯基著、何密译《普希金和苏联的舞蹈》，塔斯电讯《普希金一百五十周年诞辰盛况》，以及普希金纪念绘画二十幅。

《死公主和七武士的故事》创作于 1833 年，题材取自俄罗斯民间童话故事，与《睡美人》《白雪公主与七个小矮子》等童话故事在主题和情节上有类似之处，明显有魔幻色彩。

该诗的主要人物有公主、公主的未婚夫（王子叶里塞）、皇后和隐居深山的七武士。皇后是公主的继母，因嫉妒公主的美貌，差遣女仆加以谋害，但女仆念其可怜，并未置其于死地。公主孤身一人，涉入了七武士的居所，与他们度过了一段美好时光。后来，皇后通过自己的"魔镜"得知，公主依然健在，便差人扮成讨饭的老太婆，用毒苹果毒死了公主。于是，七武士将公主安葬在山洞的水晶棺中。王子一直在找寻失踪的未婚妻，最后从风儿口中得知公主所在。水晶棺打开之后，公主居然复活了，犹如做了一个长梦。他们一起回到皇宫，恶毒的皇后因嫉妒和愤怒，一命呜呼。全诗以王子和公主举办婚宴收尾。不难看出，爱慕虚荣、阴险恶毒的皇后，与善良的七勇士、忠于爱情的公主和王子形成了鲜明对比。作者写作此诗，用意也非常明显。

同年，霍应人编的《世界语名歌选》(ELEKTITAJ ESPERANTAJ KANTOJ)由上海世界语者协会出版，署名 JAK。

1949 年 6 月初，苏联新闻处停止了一切活动。这时，霍应人接到南京统战部的通知，派他作为南京文协的代表到北京出席中华全国文学艺术工作者代表大会（简称"第一次文代会"）。

1949 月 6 月 25 日，霍应人先到济南访问了乐嘉煊，短暂停留之后就乘火车去了天津，然后从天津乘火车去了北京。

回顾在苏联大使馆三年的工作经历，霍应人说，他"得到苏联同志的启示和教益——应参加革命的先锋队伍"。如此说辞，也部分反映了他积极改变自我、热情参与祖国建设事业的强烈意愿。

在北京

1949 年 6 月底，霍应人到达北京，准备参加即将召开的第一次文代会。之后，他的人生翻开了新的一页。

在中国人民解放军向南方各省势如破竹般挺进、全国解放已成定局的大好形势下，第一次文代会于 7 月 2 日隆重开幕。会议持续近一个月，于 7 月 28 日胜利闭幕。这是解放区和国统区文人的一次盛大聚会。毛泽东到会做了讲话，周恩来做了政治报告，郭沫若作了《为建设新中国的人民文艺而奋斗》的总报告，周扬、茅盾分别代表解放区和国统区做了文艺运动报告。此次盛会的召开，标志着我国新民主主义革命时代文学的历史结束。会议确定了文艺为工农兵服务、为社会主义服务的总方针，对文学的基本职能、服务对象、表现内容和形式也做出了明确要求。这对新中国文艺产生了深远影响。

第一次文代会设有专门的代表资格审查委员会，冯乃超任主任。能否被选为代表，虽然有区域等各方面的考虑，但主要看他们是否曾在某个领域做出卓越贡献。郭沫若在报告"大会筹备经过"时说：参加本次文代会的是"包括了反对帝国主义、反对封建主义、反对官僚资本主义的文学艺术工作者各方面的代表人物"①。霍应人（亚克）被编入了南方代表团二团，组长为冯雪

---

① 参见中华全国文学艺术工作者代表大会宣传处编：《中华全国文学艺术工作者代表大会纪念文集》，126 页，北京，新华书店，1950。

峰^①，副组长为陈白尘^②和孔罗荪^③。

第一次文代会结束之后，霍应人想先找一个学习机会，进一步充实自己，再参加实际工作。据他回忆，他曾和薄一波谈起此问题，但薄一波主张他在工作中学习。于是，他应刘尊棋邀请，参加了中央人民政府新闻总署国际新闻局的筹备工作。1949年8月，国际新闻局正式开始筹备，参加筹备的有刘尊棋、徐迟^④、张企程、霍应人等人。10月1日，国际新闻局（1952年改称外文出版社）正式成立。时值"开国大典"举行，霍应人与国际新闻局的诸多同人一起，在新闻总署的大旗前导下，浩浩荡荡地从国会街列队步行到天安门广场观礼。

参加国际新闻局筹备工作之后，霍应人见到了时任新闻总署署长的胡乔木^⑤，被分派担任国际新闻局俄文组的负责人。对此，他说："感激之余，深感自己才力薄弱，不能胜任，想迫切早日参加党的组织，受党的教育和领导。"这份工作，一直持续

---

① 冯雪峰生于1903年，卒于1976年，是著名诗人、文艺理论家、左翼文艺的重要领导人之一。他曾任上海市文联副主席、人民出版社社长、中国作协副主席等职。著有《雪峰的诗》等诗集、《乡风与市风》等杂文集和《鲁迅的文学道路》等论文集。

② 陈白尘生于1908年，卒于1994年，是现代著名剧作家和戏剧理论家，被誉为"中国的果戈理"。他曾任中国作家协会理事、中国剧作家协会副主席等职。著有《陈白尘剧作选》《中国现代戏剧史稿》。

③ 孔罗荪生于1912年，卒于1996年，是现代著名散文家、评论家。他曾任南京文联副主席、中国作协书记处常务书记等职。著有《野火集》杂文集和《文艺漫笔》等评论集。

④ 徐迟生于1914年，卒于1996年，是著名诗人、散文家、评论家。他曾任中国作协理事、湖北省文联副主席等职。代表性著作有《哥德巴赫猜想》等，译著有《瓦尔登湖》等。

⑤ 胡乔木生于1912年，卒于1992年。他曾任中国社会科学院名誉院长、中共中央书记处书记等职，著有《中国共产党的三十年》《关于人道主义和异化问题》等。20世纪30年代初，胡乔木开始学习世界语，曾代表"文总"出席过"语联"的工作会议。

到 1957 年 5 月。期间，经政务院批准，国际新闻局于 1952 年 7 月改组为外文出版社，行政上由新闻总署领导，业务上由中宣部领导。

1949 年 9 月 30 日，北京世界语者在中山公园举行第二次世界语工作座谈会。会后，霍应人、张企程等人拟定计划，向新闻总署国际新闻局申请成立世界语全国性组织，并筹办世界语对外宣传刊物。次年 5 月 1 日，《人民中国报道》正式创刊。

1949 年 10 月 10 日，霍应人出席了中国文字改革协会在北京举行的成立大会，被选为理事。该会以提倡中国文字改革、研究和试验中国文字改革的方法、团结中国文字改革工作者为宗旨，并通过了《中国文字改革协会章程》。据郑林曦回忆，当时他以新华社记者的名义去参加此次会议，"在推选理事的时候，霍应人等几位拉丁化新文字运动的同志，提出我的名字来"[1]。

1950 年 3 月 4 日，经国际新闻局局务会议研究决定，该局成立编委会，编委有霍应人、徐迟、张企程、乔冠华[2]、张彦[3]、刘尊棋等，乔冠华、刘尊棋分别任正副主任委员。

1950 年 11 月 1 日，《人民中国》试出俄文版，次年 1 月正式创刊。2 月 27 日，国际新闻局局务会议决定，霍应人任《人民中国》俄文部编辑主任。该刊当时在西四羊市大街 41 号办公，起初力量薄弱，除麦蒂、孟建夫等少数几位在华苏联人，中国只有霍应人、沈江、冯羿、冯滨四人。

---

[1] 参见郑林曦：《论语说文》，118 页，北京，商务印书馆，1983。

[2] 乔冠华生于 1913 年，卒于 1983 年。新中国成立后，他曾任外交部部长等职。著有《从战争到和平》等，编有《乔冠华国际述评集》。

[3] 张彦生于 1922 年，卒于 2018 年。他曾任《人民中国》杂志编辑室主任、副总编辑，中美建交后任《人民日报》驻美记者。

1951年3月11日，由新闻总署主管的中华全国世界语协会在北京成立，霍应人等100多人出席成立大会，通过了《中华全国世界语协会会章》和《大会宣言》。

同年3月，霍应人翻译的苏联学者阿瓦林著作《论美国在太平洋上的侵略》由中外出版社出版，首印5000册，1951年6月再印5000册。该书包括《美帝国主义如何进行扩张》《美帝国主义在中国》《美帝国主义在日本及太平洋其他国家》《美国在太平洋上的军事扩张》《太平洋各国民主力量反对美国帝国主义侵略的斗争》等五篇文章。作者开篇即指出，"最大的现代资本主义国家——美国——乃是确切证明列宁—斯大林关于帝国主义时代的不平衡和飞跃发展的实例之一"。霍应人翻译此书时，中国人民志愿军已经奔赴朝鲜，抗美援朝战争已经打响。翻译此书，自有暴露美国侵略本性、号召全国人民集体反美之用意。

4月，次女陆小援出生。

7月，《人民画报》俄文版创刊。霍应人兼任该刊的领导工作。

12月，经组织决定，霍应人到广西柳城县参加土地革命运动，被编入南方土地改革第二团。他回忆说："在土改工作中，领导号召我们与农民实行'三同'（同吃、同住、同劳动），以提高农民的阶级觉悟。"跟农民一起生活的过程中，霍应人充分认识到了地主对农民的残酷剥削，也相应增加了对地主阶级的仇恨。为此，他积极鼓励农民向地主进行斗争。也因此，他曾采取过吊打"阶级敌人"等过激措施。他为此还向上级写过检讨，但未受到处分。他总结这一段经历时写道："在斗地主的过程中，由地主身上我看到自己思想上还保留着剥削阶级的意识，引起了我深刻的警惕。"霍应人在柳城县的土地革命工作一直持续到了1952年6月。当时一起工作的还有徐迟等人。

从广西柳城县回北京之后，霍应人继续参与《人民中国》的编辑工作和其他翻译工作。有一段时间，他与女同事沙沄交好，并为其校译在《译文》等处发表的《人影》等文章。

1953 年 9 月 1 日，《译文》第 3 期出版，第 10 至 21 页登载了霍应人译的小说《舍格洛沃车站》。原作者为苏联小说家塞尔格·彼得罗维奇·安东诺夫①，译者署名亚克。同期还刊载了安东诺夫的另两篇小说，分别为庄寿慈译《在车站上》和张孟恢译《雨》。

在该期《译文》的"后记"中，编者如此介绍安东诺夫的小说艺术："安东诺夫是一位很有才能的短篇小说家。他的写作技巧非常高明，他善于以简练的手法把苏联生活的各个方面及其深刻而重要的内容表现出来。他的作品没有尖锐的戏剧性的冲突，也没有曲折的情节，然而在平凡的日常生活当中，却能表现意义重大的典型形象，并且以诗一般的手法来描写具有崇高理想与高贵道德品质的共产主义建设者。这就是他的作品的力量。"

该"后记"还对《舍格洛沃车站》的情节和主题做了如下简要概括："《舍格洛沃车站》的主题是说明个人的幸福应当和公共的幸福一致。车站站长瓦西里·伊凡诺维奇对于幸福的观念是狭窄而渺小的，他那片个人的小天地使他和周围的人、和伟大的生活隔绝起来。小说里的列车象征着伟大的建设生活与不断前进的苏联现实。瓦西里·伊凡诺维奇爱上了娜嘉，但娜嘉和他不同。

---

① 安东诺夫是苏联杰出的短篇小说家，学的专业是工程，做过工程师，也在公路技术学校教过书，后因在卫国战争中做出卓越贡献荣获"卫国战争"勋章、"红星"勋章等。他 1944 年开始写诗，1947 年开始发表短篇小说，1950 年短篇集《汽车在公路上行进》荣获斯大林文艺奖。

她过着另一种生活，她有不同的理想，她所感兴趣的是建设和新人。这里展开了冲突及新旧事物之间的斗争，并且新的战胜了旧的。小说的结尾告诉我们，瓦西里·伊凡诺维奇不会站在伟大的建设生活外面。"

1953年12月1日，霍应人从俄文直译的小说《话的力量》和从俄文转译的小说《代表》，分别刊载于《译文》第6期第13至15页和第32至40页。原作者分别为苏联小说家彼得·安德列也维奇·巴甫连柯 [①] 和立陶宛小说家彼得拉斯·卡席密罗维奇·茨维尔卡 [②]，译者均署名亚克。《话的力量》后来被收入中国作家协会武汉分会编的《学习文选：外国小说》和1957年作家出版社出版的《巴甫连科短篇小说集》。

《话的力量》写于1946年，短小精悍，写出了某革命者信守诺言和同志们之间的信任，真正揭示了"话的力量"，大有"一言九鼎"之意。

《代表》是一篇描写立陶宛新人的优秀短篇，以雷夏里斯为主人公。他年轻时做过贫农委员会的书记，为此遭敌人迫害，后来成了全县最优秀的拖拉机手。他的奉献精神和高超技能，赢得了认可，大家一致推举他为最高苏维埃的代表。

1954年2月1日，霍应人译的小说《路上的呼声》刊载于《译文》2月号（总第8期）第1至10页，原作者为巴甫连柯，

[①] 巴甫连柯生于1899年，逝世于1951年。他在格鲁吉亚度过青少年时光，1920年加入共产党，1927年开始写作，先后出版了特写与短篇小说集《伊斯坦布尔与土耳其》、长篇小说《街垒》《在东方》《幸福》等和电影剧本《雅可夫·斯维尔德洛夫》《亚历山大·涅夫斯基》《宣誓》等，曾三次荣获斯大林文艺奖。

[②] 茨维尔卡生于1909年，逝世于1947年，是立陶宛苏维埃文学的奠基者之一，曾任立陶宛作家协会主席，出版过长篇小说《大地——养育的恩人》《弗兰克·克鲁克》等。

译者署名亚克。该译文也被收入中国作家协会武汉分会编的《学习文选：外国小说》和 1957 年作家出版社出版的《巴甫连科短篇小说集》。2 月号还载有巴甫连柯的另两篇小说，分别是王成秋译《山中故事》和铁诚译《格利果里·苏路希亚》。

《路上的呼声》以一老（男）一少（女）为主人公。故事发生在一个秋天的夜晚，他们乘坐的汽车在山路上抛锚。素不相识的二人出于各种考虑，决定顶着狂风，沿着艰阻的道路步行回市区。为了确认对方的位置和安全状况，二人一路上呼喊着，最终克服重重困难，安全抵达。编者在该期"后记"中指出，它是巴甫连柯的优秀短篇小说，备受苏联文艺界推崇，并写道："作者在这里热情地歌颂了苏联人民的乐观主义、奋勇前进的精神。"

1954 年 3 月 1 日，霍应人翻译的小说《古老的故事》发表于《译文》3 月号（总第 9 期）第 46 至 51 页。源文本选自苏联国家文学出版社 1952 年出版的俄译本《萨多维亚努短篇及中篇小说集》。原作者为罗马尼亚小说家米哈依尔·萨多维亚努[①]，译者署名亚克。同期还载有萨多维亚努其他小说两篇，分别为何如译《一个四月的晚上》和沙沄译《人影》，另刊载了罗马尼亚 N.伊格纳特与 S.费尔凯尚合著、张茹译的文章《论米哈依尔·萨多维亚努的作品》。

短篇小说《古老的故事》借与"我"同行的年老律师史特

[①] 萨多维亚努生于 1880 年，是罗马尼亚著名的现实主义小说家和杰出的社会活动家，曾任罗马尼亚科学院院士、作家协会主席、和平委员会主席、国民议会副主席、世界和平理事会理事以及"加强国际和平"斯大林国际奖金委员会委员。他先后出版的《群鹰》《忍痛》《战争的故事》《凋谢的花朵》《孩子的坟墓》等作品，多表露对被压迫者的热爱。战后创作的中篇小说《米特里亚·珂珂尔》，荣获 1950 年世界和平理事会金质奖章。

番·列乌律师之口，叙述了一对青年男女因追求自由恋爱最终一个被判绞刑、另一个被判十年劳役的悲剧故事。小说对女主人安妮查着墨更多。她青春靓丽，活泼可爱，与小伙子伊奥尼采青梅竹马，但被狠心的父母强行嫁给了富农、老光棍、村长戈奥尔格。无论是她用棍棒打死丈夫的行为，还是在小说最后发出的诅咒（"愿上帝不给你们好死！……为了我，你们要受到惩罚的"），都传达了作者对传统婚姻制度的抗议和对婚恋自由的呼吁。

1954年2月至3月间，霍应人陪同苏联专家谢德明和波斯培洛夫到华东、中南地区旅行参观，为期一个月。

1954年7月1日，《译文》7月号（总第13期）出刊，第66至75页刊载了霍应人根据《苏联作家短篇小说集》第3卷译出的小说《贫与富》。原作者为苏联著名小说家法捷耶夫[①]，译者署名亚克。该译文后被中国作家协会武汉分会编的《学习文选：外国小说》转载。

《贫与富》写于1936年。《译文》的编者在"后记"中如此评价该作品："这篇作品反映了第一个五年计划时期苏联农村中复杂和尖锐的阶级斗争，社会主义力量的胜利。作者在这里通过人民对坏分子的斗争，歌颂了劳动，表现了社会主义社会中劳动是衡量人民的价值的标准。"

1955年3月28日，霍应人介绍斯大林著作《论列宁》的文章，刊载于《新中国妇女》第3号（总第65期）第23页，署名

[①] 法捷耶夫生于1901年，逝世于1956年，曾任苏联作家协会总书记和世界保卫和平委员会副主席，1949年10月1日曾率领苏联文化代表会参加中华人民共和国开国大典。他曾荣获列宁勋章和斯大林文艺奖，代表性作品有《毁灭》和《青年近卫军》。他的作品以描写细腻、对比强烈、人物性格鲜明、主题突出、鼓舞人心而著称，较为有机地融合了现实主义、浪漫主义和现代主义的创作手法。

应人。该期以"纪念世界劳动人民的伟大革命导师弗·伊·列宁诞辰八十五周年——介绍几本有关列宁的书"为题，除刊载霍应人的介绍文章，还有徐慎介绍《列宁印象记》（蔡特金著，马清槐译，生活·读书·新知三联书店1954年6月版）、亚苏介绍《列宁的母亲》（高福纳托尔著，时代出版社1953年10月版）、文瑛介绍《列宁》（马雅可夫斯基著，余振译，人民文学出版社1953年7月版）等三篇文章。

斯大林著的《论列宁》在中国有很多版本。霍应人介绍的是人民出版社1953年版。该版本包括《列宁是俄国共产党底组织者和领袖》《列宁同志在休养中（短评）》《追悼列宁》《论列宁》等几篇文章。霍应人的文章结尾写道："列宁的思想，列宁的革命活动和事业，教导着我们为社会主义事业而进行胜利的斗争。……斯大林同志在这本小册子里所论述的列宁在革命活动中的这些特点，正是我们所要努力学习的。"

1955年6月，作家出版社与亚克（霍应人）签订了翻译《沙逊的大卫》一书的合同，约定交稿日期为1955年10月。

1956年2月，霍应人作为负责编辑，因《人民中国》俄文版1955年第21期存在成品错误，受到劝告处分。

1956年3月25日，霍应人撰写的《关于〈列宁全集〉》[①]一文刊载于《读书月报》第1期第5页，署名应人。文章起首即指出："《列宁全集》翻译成中文出版，这是我国人民思想生活中

---

① 20世纪50年代中期，中共中央马克思恩格斯列宁斯大林著作编译局基于苏共中央马克思恩格斯列宁斯大林研究院编的《列宁全集》，全面开展汉译工作。1955年，人民文学出版社已出版了其中几卷，比如《第1卷 1893—1894年》和《第34卷 1918年3–7月》。

的一件大事。这对于我们更好的、更有系统的去学习马克思列宁主义理论，提供了有利的条件。列宁丰富的、珍贵的思想遗产，是我们实现社会主义强有力的思想武器。"接着，他简要介绍了《列宁全集》在苏联的出版历程、外译状况、编排方式、汉译计划及其意义。文章最后写道："我们将从列宁著作的思想宝藏中汲取力量。列宁主义的思想像阳光一样照耀着中国人民走向社会主义的道路。"

1956年6月27日，作家出版社与霍应人签订翻译《江格尔》一书的约稿合同，约定交稿时间为1957年12月31日，预付稿酬900元。遗憾的是，该译著最终未能出版。1942年7月30日，茅盾主编的《文艺阵地》第6卷第6期曾登载霍应人译的《江格尔》片断，当时的译名为"江加尔"，前文已述及，在此不赘。

1956年7月，外文出版社根据上级指示，开始审查干部，成立了专门的审干办公室。第一批审查对象为各部、室领导和相当于行政17级以上的干部。第二批为相当于行政18级以下的干部。此次审干后因"反右"运动扩大化，暂时中断。霍应人当时也成了接受审查的对象。文化部出版局审干委员会对他形成了如下审查意见："他一九三二年参加'八一'示威问题，本人已早作了交代，被捕时除曾默认登报声明脱离共产党（当时他不是党员）以外，无其他问题，不必审查。"

1957年1月25日，霍应人撰写的介绍《亲属忆列宁》的文章，刊载于《读书月报》第1期第16至17页，署名应人。该书由苏共中央马克思列宁主义研究院编、何立译，人民出版社1956年12月出版。列宁的姐姐、弟弟、妹妹和列宁夫人克鲁普斯卡娅撰写的回忆文章，不仅还原了列宁各个时期的一些生活细节，还揭示了他的个性、习惯、爱好、待人态度等。该文末载有"编者附记"，提到即将出版克尔口扎诺夫斯基著《伟大的列宁》、蔡特金著《回忆列宁》等有关列宁的回忆录和传记资料。

1957 年 3 月，霍应人翻译的《沙逊的大卫：亚美尼亚民间史诗》由人民文学出版社出版。与 1942 年节译本不同，该书是从 K. A. 里勃斯克罗夫、B. B. 捷尔热文、A. C. 科契特可夫、C. B. 谢尔文斯基等四位专家集体完成的俄文全译本转译而来，正文 536 页，前附有戈宝权撰写的介绍文章《亚美尼亚民间史诗〈沙逊的大卫〉》，共 8 页，后附有 2 页的"译后记"。

该史诗共包括四个系和一个尾声。第一系名为"萨纳沙尔和巴格达沙尔"，包括两部："反对巴格达哈里夫的斗争"和"萨纳沙尔和巴格达沙尔的结婚"。第二系名为"大穆格尔"，包括两部："穆格尔对沙逊的建树"和"大穆格尔和密斯拉 - 麦立克的战斗"。第三系名为"沙逊的大卫"，包括两部。第一部为"大卫和密斯拉 - 麦立克"，共五小节，依次为"幼童大卫在密斯尔""大卫做牧童""猎人大卫重建父亲的神殿及赶走浩尔巴希""大卫和收贡人"和"大卫和密斯拉 - 麦立克的战斗"。第二部名为"大卫和汉都特"，包括两节："大卫的结婚"和"大卫的死"。第四系为"小穆格尔"，包括两部，依次为"穆格尔为父报仇"和"穆格尔的结婚及其终局"。

戈宝权在序文中写道："亚美尼亚民间史诗《沙逊的大卫》，已有一千多年的历史了。这部史诗，是亚美尼亚人民的活生生的史记，是亚美尼亚人民的文学中的瑰宝。"他还写道："史诗把远古的神话、传说和现实的历史生活的描写交织在一起，它一方面反映出了异族侵略者的统治越来越强暴，另一方面也反映出了亚美尼亚人民在各个时期的反抗和斗争愈来愈英勇、愈坚强。……在史诗的各个英雄中，以沙逊的大卫最为辉煌，因此他形成了全部史诗的中心。他体现出了亚美尼亚人民热爱自由的愿望。他是盖世无双的英雄的化身，他终于将亚美尼亚人民从多年的异族压迫和战争中解放了出来。在这部史诗中还充满了一种新的力量，充满了一线新的光明，它表现出亚美尼亚人民怎样酷爱自由与和平，怎么有着友爱互助、乐观主义和人道主义的精神。"

在 1956 年 8 月 30 日撰写的"译后记"中，霍应人先称"史诗《沙逊的大卫》是一部辉煌的民间创作，是亚美尼亚人民的文学珍宝，是全世界最伟大的民族史诗之一"，接着介绍了俄译本的翻译过程和翻译团队，最后述及自己翻译该史诗的历程和书中插图的来源。

1957 年 4 月 27 日，中共中央下发《关于整风运动的指示》，阐明了整风运动的重要意义、指导思想、具体要求、方法步骤等。自此，"反官僚主义、反宗派主义和反主观主义"的运动（"整风运动"）正式展开，旨在动员广大群众、党外人士和党员对党、政府和其他党员的工作提出批评和建议。在整风鸣放会上，霍应人发表了一些"右派"言论，例如他对汇报制度和人事制度有所不满，也说有些党员干部把非党群众当作"敌人"或"异己分子"。

为了加强苏联文学研究，中国科学院 ① 文学研究所 ② 于 1956 年将原外国文学组专长苏联文学的研究人员抽离出来，另从其他各部门选调了一些人员，成立了专门的苏联文学组。应所长何其

---

① 1977 年 5 月 7 日，经党中央批准，在中国科学院哲学社会科学部基础上正式组建了中国社会科学院。

② 中国科学院文学研究所的前身是北京大学文学研究所，创建于 1953 年，1955 年划归中国科学院哲学社会科学学部。

芳^①邀请，著名苏联文学专家叶水夫^②具体负责筹建工作。新成立的苏联文学组，由时任中苏友好协会副秘书长的戈宝权担任组长，叶水夫任副组长。1957 年 5 月，霍应人被调至中国科学院文学研究所苏联文学组，任五级副研究员。

1957 年 7 月，文学所响应上级号召，开展了批判运动。霍应人被定性为"坏分子"，受到了严厉批判，但他本人要求定为"右派"。当时一起被批判的"右派分子"，有杨思仲^③、荒芜^④、王智量^⑤等人。

1957 年 10 月 1 日，霍应人与王成秋^⑥根据苏联《外国文学》5 月号合作转译的中篇小说《乡村婚礼》，刊载于《译文》第 10 期（总第 52 期）第 3 至 53 页。原著者为波兰女作家玛丽亚·董布罗夫斯卡^⑦，霍应人署名亚克。

译文末附有"译后记"，简要介绍了董布罗夫斯卡的生平和

---

① 何其芳生于 1912 年，卒于 1977 年，是著名现代诗人、散文家、文学评论家。他曾任中国作家协会书记处书记、中国社会科学院文学研究所所长等职，著有《画梦录》《夜歌和白天的歌》《关于现实主义》等。

② 叶水夫生于 1920 年，卒于 2002 年。他曾任中国外国文学学会副会长、中国翻译协会会长等职，编有《苏联文学史》等，译有《青年近卫军》等。

③ 杨思仲，笔名陈涌，生于 1919 年，卒于 2015 年，是著名中国现代文学研究专家。他著有论文集《鲁迅论》《陈涌文学论集》等。

④ 荒芜生于 1916 年，卒于 1995 年，是现代著名翻译家、作家。他译有《奥尼尔剧作选》《马尔兹短篇小说选》《朗费罗诗选》等，著有《纸壁斋集》等。

⑤ 王智量生于 1928 年，卒于 2023 年，著名翻译家、苏联文学研究专家。他著有《论普希金、屠格涅夫、托尔斯泰》，译有《叶甫盖尼·奥涅金》《安娜·卡列宁娜》等。

⑥ 王成秋生于 1918 年，大学毕业后即被分配到外文出版社从事俄文翻译工作，主要译著有《来自穷乡僻壤的人们》等。

⑦ 董布罗夫斯卡生于 1892 年，以政论家的身份开始文学活动，从 20 世纪 20 年代开始发表小说，作品有《樱桃树枝》《童年的微笑》《从彼处来的人》《暮暮朝朝》《晨星》《乡村婚礼》等。除了开展创作，她还积极参与社会活动，1955 年荣获波兰国家奖金。

文学道路，概述了小说的情节、主题和艺术特点。《乡村婚礼》以描写细腻生动著称，让读者有身临其境之感。译者写道："《乡村婚礼》是董布罗夫斯卡以解放后的农村生活为题材的中篇小说。围绕着一对年轻的新人，她用细腻的手笔描写了参加婚礼的、新郎和新妇的亲戚们的不同的性格、不同的命运和在生活中不同的地位。"

1957年11月7日出刊的《译文》第11、12月号（总第53、54期），是为"庆祝伟大十月社会主义革命四十周年"而编辑的"苏联文学专号"。该期前面载有曹靖华撰写的"卷首语"《苏联文学——我们的鼓舞者，感谢你！》，之后分了短论、苏联诗选、小说、剧本、回忆、苏联文学四十年、书简等版块。诗歌版块载有霍应人译亚美尼亚诗人格加姆·萨里扬[①]的诗作五首，分别是《致祖国》《十月之歌》《它即将来临》《色望湖边》和《忠告》，署名亚克。这几首诗是从1948年及1956年出版的俄文本《萨里扬诗集》转译而来，俄译者为 K. 阿尔塞诺娃、Η. 楚柯夫斯基等人。

《致祖国》写于1930年，共3节，每节8行，主要通过"阳光普照的春天""夜间的灯火""愉快的新奇事件""年轻的力量无穷"等意象来歌颂祖国，最后上升到了对"我们伟大时代"的赞美。《十月之歌》写于1947年，共7节，每节4行，旨在庆祝光荣的"十月"，歌颂无敌勇士和自由人民反抗丑恶、建设国家的伟绩，最后表达了誓将保卫祖国的决心。《它即将来临》写

---

① 萨里扬生于1902年，逝世于1976年，是亚美尼亚著名诗人，翻译家，曾出版《钢铁般的步伐》《看守人》《菊花》等诗歌以及《诽谤》等剧本。《菊花》曾获亚美尼亚国家奖金。他还翻译过普希金、莱蒙托夫、吉卜林、马克·吐温等人的作品。

于 1932 年，共 3 节，每节 8 行。标题中的"它"指的是共产主义。该诗呈现了"澎湃的大海""奔腾的河流""尖叫的汽笛"等意象，它们都在迎接和见证着"它即将来临"。《色望湖边》写于 1950 年，共 5 节，每节 4 行，首尾两节重复。该诗赞美色望湖"碧蓝色的光辉"及其为人类创造的光明。《忠告》写于 1932 年，共 2 节，每节 4 行。该诗指出，死亡"并非损失中最大的损失"，"生在我们的土地上"，最重要的是要做出贡献。

1958 年在中阿关系史上具有重要意义。这年，美英军队侵入黎巴嫩和约旦，伊拉克也爆发了推翻帝制的革命。为此，中国人民发起了声势浩大的支援运动。7 月，为了声援阿拉伯人民反抗美英帝国主义的斗争，中国科学院文学研究所《文学研究》编辑部编订了增刊《我们和阿拉伯人民》，由人民文学出版社于当月出版。该书封面以大红为底色，插入了一幅一名胸前佩戴五个五角星的中国人与一名阿拉伯人亲切握手的图画。编者在"后记"中写道："野蛮的美英帝国主义者对中东人民发动的武装侵略，激起了全世界爱好和平人民的无比愤怒。在这和平受到严重威胁的形势下，我们的文学研究工作者对美英强盗的血腥罪行也感到十分愤慨"；"这些诗文都可以增加我们对阿拉伯人民的生活和斗争的了解，增进我们支援他们的热情"。

该书第 64 至 69 页载有霍应人的论文《略谈黎巴嫩和伊拉克的文学》。该文根据《苏联大百科全书》中的词条"阿拉伯文化""黎巴嫩"和"伊拉克"，以及《阿拉伯作家短篇小说集》撰写而成。霍应人先概述了阿拉伯古代文学的发展历程，接着分别叙述黎巴嫩和伊拉克文学的现状，具体涉及阿明·阿尔·雷哈尼、马鲁夫·阿尔·卢萨斐等众多作家，最后对两国作家表达了殷切期盼："我们热烈地希望伊拉克和黎巴嫩以及其他阿拉伯国家的作家和诗人们，在民族解放的火热斗争中，写出辉煌的作品来丰富我们全世界的文学宝库。"

1958年开始了"大跃进"运动。文学研究所也积极响应中央号召，开始实行干部轮流劳动锻炼制度。曾有一周时间，全所人员到北京昌平参加了十三陵水库修建工作。霍应人被编入了国家机关六大队一中队二小队。他在当时的"自我鉴定"中写道："在参加劳动之前，感觉到自己个人主义很严重，集体观念淡薄，体力方面也很差，很想在这些方面得到锻炼。这几天以来，无论在思想上和体力上都有些收获。"但在1963年做的"自我检查"中霍应人表示："1958年开始了的大跃进局面，使我产生了思想上的混乱。由于被一些表面的、暂时性的现象所迷惑，对党提出的大跃进的根本意义认识不清，对三面红旗中的这一面旗帜表示过怀疑。但对总路线和人民公社，我却始终相信那是正确的。"

1958年10月，霍应人再次因"生活作风"问题，在文学研究所群众大会上受到批判，被定性为"坏分子"。10月17日文学所报请院部，决定给予他撤职处分，并送农村劳动考察。11月20日，科学院干部局下发了给予霍应人行政撤职处分的决定，提到他不仅于1933年曾用原名霍如棠与十四人联名在《北京晨报》上发表"反共启事"，还和特务分子荆有麟①、"反革命分子"胡风②有来往，并对胡风表示同情。从此，他的级别待遇被取消，每月只发30元的生活费。

---

① 荆有麟生于1903年，卒于1951年，是臭名昭著的国民党军统特务。他1939年正式加入军统，1940年代在重庆活动，与文化工作委员会有过交集。后来被逮捕，执行枪决。
② 胡风生于1902年，卒于1985年，是现代著名文艺理论家、诗人、文学翻译家。1940年代在重庆，他与文化工作委员会有交集。1950年代，他因"三十万言书"，被定为"胡风反革命集团"之首，不仅受到大规模批判，而且被捕入狱。

1958 年 12 月，霍应人随第二批下放干部去了河北昌黎。这批人大多为"右派分子"，其中有杨思仲、高光起①、蒋和森②、樊骏③等男同志和郑敏④、茅于美⑤、谢蔚英⑥等女同志，王积贤⑦和徐凌云⑧任领队。这次下放劳动，持续了近一年时间。

1959 年 4 月 12 日，霍应人撰写的文章《友谊的花朵：介绍〈苏中友好〉杂志》，刊载于《政治学习》半月刊（通俗读物出版社出版）第 7 期（总第 55 期）第 40 至 41 页，署名应人。《苏中友好》杂志创刊于 1958 年，是苏联苏中友好协会专为中国读者编辑出版的综合性周刊，图文并茂，内容丰富，旨在介绍苏联人民建设共产主义的高度热情，苏联在经济、文化、科学技术等领域取得的成绩，以及苏中两国人民友好团结和互助合作的情况

---

① 高光起生于 1920 年，主要从事中国古代文学研究。他曾任《人民文学》编辑部编辑、中国社会科学院文学研究所《文学遗产》编辑部负责人，著有《虬髯客传》等。

② 蒋和森生于 1928 年，卒于 1996 年，是著名的红学专家。他曾任《文艺报》编辑、中国社会科学院文学研究所研究员和研究生院博士生导师，著有《红楼梦论稿》《红楼梦概说》等。

③ 樊骏生于 1930 年，卒于 2011 年，主要从事中国现代文学研究。他曾任中国社科院文学研究所研究员、中国现代文学研究会会长，著有《老舍名作欣赏》《论中国现代文学研究》等。

④ 郑敏生于 1920 年，卒于 2022 年，是著名诗人、诗歌评论家和学者。著有诗集《寻觅集》《心象》等，以及论著《英美诗歌戏剧研究》《诗歌与哲学是近邻——结构—解构论诗》等。

⑤ 茅于美生于 1920 年，卒于 1998 年，是著名桥梁专家茅以升之女，在翻译和外国文学研究领域做出了突出贡献。她曾任职于中国社会科学院等机构，著有《中西诗歌比较研究》《易卜生和他的戏剧》等，译有《济慈书信选译》等。

⑥ 谢蔚英是著名诗人、学者、翻译家吴兴华（1921—1966）的夫人，曾供职于中国社会科学院文学研究所图书室，著有《和钱锺书做邻居的日子》《再忆兴华》等。

⑦ 王积贤 1952 年毕业于北京大学中文系，主要从事中国现当代文学研究，著有《骆驼祥子的悲剧》《茅盾论主题分析的方法与原理》等。

⑧ 徐凌云生于 1930 年，1956 年从南京大学中文系毕业之后，即被分配到中国科学院文学研究所，主要从事古代文学研究。

等。霍应人对该杂志评价很高，写道："《苏中友好》杂志可真像一个彩色缤纷的大花园，是我们中苏友谊的一支灿烂的花朵。"

1959年9月7日，组织给霍应人做出了劳动鉴定，基本肯定他的表现，认为他能带病参加劳动、克服困难完成工作任务，也指出了"该同志的群众联系一般"等不足。

12月，王积贤和徐凌云任核心领导的"下放干部团小组"再次对霍应人作出鉴定①，其中有不少负面评价。比如，该鉴定中写道："坏分子霍应人在下放昌黎期间前后期表现不太一样，刚到耿庄时生活作风有改变，劳动也还肯干，转到后雨山后思想上有松动情绪，劳动上有畏难退缩表现，有时有挑肥拣瘦的表现。但在两地都没有思想改造要求，虽然对工作一般说起来还负责，但主动性是很差的"；"霍应人在下放期间对重大政治问题虽没有发表什么错误言论，这是因为他对过去反党行为有一定警惕、采取回避办法所致。但他是以坏分子身份下放的，而在这个问题上不但没有改变，而且还变本加厉，一犯再犯，长期隐瞒组织、欺骗群众。特别恶劣的是事为旁人揭发后仍不老实交待，百般狡辩，不愿接受组织和同志们的帮助。对这种明知故犯、屡教不改、抗拒改造的顽固分子，我们建议领导应给予严厉处分"。

如此负面的鉴定，对于取消了级别待遇、下放改造的霍应人来讲，无疑是雪上加霜。

1959年12月，中国科学院文学研究所的下放人员结束了在河北昌黎的劳动改造。之后，部分人员返回文学所任职，其余则被调往全国其他各地。霍应人即是被彻底调出的人员之一。

---

① 由徐凌云执笔，上有王积贤和王文的签名。

在兰州

1960 年 1 月，霍应人来到兰州。在 1971 年离世之前，他先后供职于兰州艺术学院和甘肃师范大学。

1958 年开始的"大跃进"，也波及教育领域。兰州艺术学院就是在此背景下创建的。它存在时间不长，却是甘肃历史上唯一的一所综合性艺术院校。1958 年 8 月 16 日，甘肃省人民委员会为贯彻教育大跃进的方针，向文化局下发了《关于成立兰州艺术学院的决定》，阐明了成立该学院的目的："适应我省生产大发展和文化革命的需要，培养'又红又专'的文艺艺术人才。"① 10 月 2 日，由兰州大学中文系（部分）、甘肃师范大学艺术系、甘肃省文化艺术干部学院合并组建的兰州艺术学院正式成立，校址设在现兰州市城关区东岗街道段家滩（原甘肃省文化艺术干部学院校址）。

霍应人被调入兰州艺术学院任教之后，待遇未改，每月依然只有 30 元的生活费。这导致他时常被吃不饱等问题困扰。与此同时，工作环境给他留下了很差的印象。他写道："在兰州艺术学院工作时，发现该院办得很不好，怪事百出，一切杂乱无章。学生一律不喜欢学习外语，很影响工作情绪。"尽管如此，他初到兰州时，写作颇为勤快，公开发表了好几篇文章。所得稿费，在某种程度上缓解了他极度拮据的生活。

---

① 参见甘肃省档案馆藏《甘肃省人民委员会关于成立兰州艺术学院的决定》。

1960 年 1 月 27 日，霍应人的文章《英雄的春天》发表于《政治学习》杂志第 1 期第 5 至 7 页，署名应人。该文主要称赞新中国成立之后十年间取得的巨大成就，说"十年来，我们的国家发生了惊天动地的变化"，而"现在，我们进入了历史上的新的、伟大的十年"。他尤其凸显了"三面红旗"（社会主义建设的总路线，"大跃进"的发展速度，人民公社的组织形式）提出之后，中国在钢铁、农业等各个领域实现的新突破。他把一切成就和突破都归功于中国实行的社会主义制度，认为："社会主义开始了人类的春天，劳动人民的积极性和创造性，只有在社会主义的春天里，才能充分发挥出灿烂夺目的创造性。因为社会主义解放了社会生产力，人民群众掌握了自己的命运。"

1960 年 2 月 27 日，霍应人的文章《以社会主义的思想教育子女——介绍蔡特金〈论青年教育〉》，刊载于《读书》（书评半月刊）1960 年第 4 期（总第 79 期）第 16 页，作者署名应人。《论青年教育》原著者为德国国际社会主义妇女运动的领导人克拉拉·蔡特金，译者为柯新，生活·读书·新知三联书店于 1960 年 3 月出版。该书由《学校教育》《社会民主党和国民教育》《青年组织》等三篇演讲稿构成。霍应人指出，"这本书是在五十年前针对当时德国反动统治和无产阶级斗争的形势和任务写的，但是，只要我们从历史的角度去读，一定可以从中汲取到许多有益的东西"。

1960 年 4 月 27 日，霍应人的文章《高尔基的回忆录——〈列宁〉》，刊载于《读书》1960 年第 8 期（总第 83 期）第 11 至 12 页，署名应人。同期还刊载了仁萱著《克鲁普斯卡娅的〈列宁回忆录〉》、齐崇东著《列宁生活片断》等直接与列宁有关的文章。霍应人的文章介绍的是高尔基著、曹葆华译的《列宁》一书，由人民文学出版社于1957年11月出版。该书是高尔基1930年撰写的回忆列宁的书，从伦敦代表大会开始写起，叙述他对列宁的认识以及列宁对他的教育和启示。霍应人指出，"列宁的教导充满了对同志的出自衷心的关怀和热情"，也让高尔基及其他读者深刻理解了"列宁的声音是怎样地激发着全世界劳动人民的意志，号召他们为实现人类最美好的理想奋斗"。

1960年5月27日，霍应人在《读书》第10期（总第85期）第4页发表文章，介绍魏淑琴、王洪华等著《售货员的共产主义风格》，署名应人。该书由黑龙江人民出版社于1960年4月出版，包括《售货员的共产主义风格》《售货员的服务态度》《售货员的语言艺术》《谈售货技巧》等八篇文章，作者均为哈尔滨第七百货商店的售货员。霍应人指出，几个文化水平不高的售货员能写出这样一本书，"本身就说明了工农群众不但能够学理论，而且能够学得好"。而他之所以要介绍此书，就在于"售货员同志们学习了理论并且把学习的体会和工作联系在一起，因而提高了对工作的认识，这一点对其他工作岗位的读者来说，也是有启发的"。

到兰州艺术学院工作之后，霍应人除承担教学任务，还多次参加该院在附属石膏厂组织的劳动改造。1960年4月6日，该院对他作出劳动鉴定，基本肯定他的劳动表现和思想改造意愿，也指出了他的缺点："主动靠拢和争取组织的帮助还不够，要求自己还不严格，反映情况不多，暴露思想亦不够"，"生活中关心集体不够，只顾管自己，而且有时还与别人谈些吃喝问题"。5月24日再次作出鉴定，认为霍应人的优点是能遵守工作和生活纪律，具有通过劳动改造思想的较强愿望，他的缺点在于"开会时不能积极发言，劳动中虽想的多，但暴露自己真实思想作的较差，向厂领导汇报自己的思想作得不很够"。

霍应人曾说："1959 至 1961 年是我思想危机严重时期。"原因主要有二：一是他对"大跃进"有所质疑，二是对中苏关系日趋破裂颇为不解。

20 世纪 50 年代后期，中苏冲突逐渐升级。1960 年，赫鲁晓夫曾公开激烈抨击中国共产党。1961 年 10 月苏共召开二十大之后，开始连篇累牍诋毁中国共产党，导致两党之间的关系进一步恶化。中共中央认为，以赫鲁晓夫为首的苏共走上了修正主义路线。面对中苏交恶，霍应人困惑甚至痛心不已。他自述道："我对中国的党和苏联的党都有深厚的感情。中苏两大社会主义国家，决不能关系破裂，中苏关系搞不好是人类的大不幸。我单纯以善良的愿望，从温情主义出发，希望中苏两党搞好关系。"为此，他 1961 年寒假回北京时，还专门找党内的好友讨论这一问题。与朋友"整整谈了三个钟头"之后，他才承认"赫鲁晓夫是现代修正主义者"。

1961 年我国进入调整和巩固时期，知识分子政策上的严重"左"倾问题也引起了普遍重视。为此，中共中央先后出台了"科学十四条""高教六十条"等政策或条例。1962 年 3 月 2 日，周恩来在广州会议上讲话，更是为纠正几年来知识分子政策上的偏向打开了新的局面。

在此背景下，霍应人向兰州艺术学院人事处和中国科学院文学研究所提出申请，要求重新核查他的历史问题。他在当时的谈话和书面材料中均表示，对"反共启事"一节毫不知情，曾在 1956 年"肃反"时被迫承认，并说这问题是没有作结论的。

1962 年 3 月 9 日，文学所派专人去霍应人曾供职的外文出版社党委了解相关情况，后者也表示，"上述问题是没有作结论的"。

1962年4月10日，何其芳任组长、王平凡①任副组长的中国科学院文学研究所领导小组作出了《关于霍应人处分问题的甄别结论》，较为详细地呈现了霍应人调任文学所的经过、受到的批判和处分决定及其缘由，进而表示，"在原处分决定中，关于其简历及历史上政治上重大问题一节有些说法不妥，应从原处分决定中把这一部分撤销"。尽管如此，该"结论"依然认为，"霍应人的错误是严重的"，"撤职处分是正确的"。最后写道："取消级别只发生活费不恰当，我们意见撤职处分不变，生活待遇可降两级按研究七级从发生活费日起到霍应人调出日止，由我所补发其工资。"

1962年5月17日，文学研究所在致兰州艺术学院人事处的函中写道："霍应人的处分甄别问题，已作出结论，除有些历史问题提法根据不足，应予改变外，据其所犯错误情况，我们认为原来决定撤职处分还是正确的，但只发生活费的办法则是处理过重。现决定改为按降两级（即原来研究五级降为研究七级）的办法处理。从给他发生活费日起，到调出我所日止，由我所按研究七级补发其工资。现将甄别结论寄去，请转交霍应人签字存档。本人如有不同意见，仍可提出理由寄送我所考虑。"6月1日，霍应人在文学所作出的"结论"上签字，表示并无异议。

1962年5月，因全国范围的自然灾害和"八字方针"（调整、巩固、充实、提高）进一步落实，兰州艺术学院解散，中文系撤回了兰州大学，音乐系、美术系并入了甘肃师范大学。

兰州艺术学院解散之后，霍应人曾竭力要求离开兰州，但未

---

① 王平凡生于1921年，卒于2022年，曾任中国社会科学院文学研究所党总支书记、少数民族文学研究所所长等职。

得到批准。随后，他被调入了甘肃师范大学。起初，他"抱着做客思想，原打算在一两年后一定走开"。后来，出于"理智的考虑"和朋友的劝告，再加上师大环境幽静，同事关系较为融洽，他的情绪逐渐稳定下来，开始在兰州安心工作。

转任甘肃师范大学之后，霍应人供职于外语系，承担俄国文学、翻译、汉语等方面的课程，享受高教七级待遇。他尽管认为自己不是俄语科班出身、基本功不够扎实，或许将自己分配到中文系更为合理，但毅然接受了组织安排，并未表达异议。之后，他得到校方和系里的信任，担任俄文教研组的领导工作。当时与他共事的俄语同行有张永奎[1]、刘维周[2]、刘珊珊[3]、孙静轩[4]等，英语同行有黄席群[5]、冯镜[6]、李学禧[7]、李森[8]等。在尽力完成教学和管理工作之余，霍应人还与中文系从事外国文学教学和研究的老师交往密切，时常讨论一些共同话题。就这样，霍应人在甘肃师

---

[1] 张永奎生于1893年，卒于1977年，曾列席共产国际一大，会期受列宁接见。1953年起任甘肃师范大学外语系俄语教授。

[2] 刘维周生于1903年，卒于1974年，曾任甘肃省政协委员和兰州中苏友好协会副秘书长等职。1962年起任甘肃师范大学外语系俄语教授。

[3] 刘珊珊1908年生于格鲁吉亚，卒于1989年。她曾在兰州中苏友好协会、兰州大学、兰州工专等机构工作，后转入甘肃师范大学外语系，主要教授俄语口语等课程。

[4] 孙静轩生于1924年，卒于2002年。他曾任民盟甘肃省第八、九届委员会常务委员和副主任委员，民盟第六次全国代表大会代表。

[5] 黄席群生于1909年，卒于2009年，是英语教育家和翻译家。他曾任中央通讯社编译部主任，1963年调入甘肃师范大学外语系，校译《美国的历程》等著作多部。

[6] 冯镜生于1911年，卒于2005年，是英语教育家和翻译家。他毕业于清华大学外国语言文学系，1952年任西北师范学院英语教授，长期任外语系主任。

[7] 李学禧生于1918年，卒于1989年，是英语语言学家和政治学家。1960年起任甘肃师范大学外语系教授，曾任甘肃省侨联主席。

[8] 李森生于1923年，卒于2003年，是英语教育专家。他曾任西北师范学院附中教务主任、副校长，1961年起在甘肃师范大学外语系任教。

大度过了一段相对惬意的时光。

1966年3月23日，甘肃师范大学因霍应人"生活作风"问题，做出了《关于给予霍应人降级处分的决定》。他的级别由高教七级降为了高教九级。接下来爆发的"文化大革命"，更是将他推向人生的谷底。

1966年5月和8月，中共中央先后召开政治局扩大会议和八届十一中全会，先后通过了《中共中央通知》（简称"五·一六通知"）和《中共中央关于无产阶级文化大革命的决定》（简称"十六条"），"文化大革命"正式拉开了序幕。霍应人因"历史问题"和"生活作风"问题，成了被重点揪斗的对象。他甚至直接被诬蔑成了"叛徒"。时断时续、大大小小的揪斗，一直到他1971年5月20日病故才彻底告终。

1976年10月，中共中央粉碎了"四人帮"，持续十年之久的"文化大革命"结束，全国上下陆续开始为"文化大革命"中受到迫害的同志恢复名誉。

1978年9月8日，甘肃师范大学校党委常委会议研究认定："霍应人的问题系一般历史问题。文化大革命中，在林彪、'四人帮'反革命修正主义路线干扰破坏下，曾把霍应人同志作为'叛徒'进行批斗、迫害，是错误的，予以平反昭雪，恢复名誉，一切诬蔑不实之词统统推倒。"

1979年3月29日，甘肃师范大学革命委员会作出了《关于霍应人政治历史问题的复查结论》，提到他1927年加入国民党、1933年发表"退出共党启事"等重要事项，进而得出结论："霍应人不是共产党员，因参加爱国运动被捕入狱，未发现什么问题。"另外，该"结论"肯定了霍应人的成绩，认为他"在党的领导下从事文化教育工作，达三十七、八年之久，为党的文化教育工作做出了一定的贡献"。

综观霍应人的一生，他的悲剧是时代的悲剧，也是个人的悲剧。他多方面的成就，是个人主动回应时代的产物，是他不懈努力的结晶。

随着改革开放，我国的各项文化事业走上了正途。那些与霍应人生前有过交集的文人们，并没有忘掉他的存在。与此同时，梳理中国的世界语运动史、文字改革史、外国文学译介史的学者们，也开始重视他的贡献。对于含冤去世的霍应人来讲，这或许也算一丝欣慰。

霍应人著译选粹

从 1930 年 12 月 10 日在《北平师大附中校友会会刊》公开发表《小提琴的构造与演奏》算起，霍应人的著译生涯持续了 30 余年，也留下了不少著译文字。具体情况，可参见本书上编的叙述。本编旨在照录他公开发表、较为重要但散见各处的著译文献。考虑到《沙逊的大卫》《论美国在太平洋上的侵略》等出过单行本，且内容太多，本编对书的正文部分并不加以整理。另外，本编并未全部收录编者搜集到的霍应人著译文献，而是努力呈现他在不同领域、不同时段的贡献。

为了更好地呈现霍应人的著译贡献，本编分为五辑，前两辑为"著"，后三辑为"译"。第一辑是他撰写的有关中国语拉丁化和世界语的文献。第二辑为他撰写的论文、随笔、介绍性文章等。第三、四、五辑分别是他翻译的诗歌、小说和其他文章。

本编在各篇文献正文前加了简短的按语，主要说明文献来源和著译者署名情况，以便读者更为便捷地了解收录文献的信息。读者也可参阅本书上编的相关概括性介绍文字，了解收录文献的核心内容。

第一辑

中国语书法拉丁化方案之介绍

【编者按】刊载于《言语科学》1934 年第 9、10 号合刊和《新社会》1935 年第 8 卷第 10、11、12 期合刊，署名应人。

在《言语科学》第一期上，我们已经提到了中国语书法拉丁化这一问题，不久由苏联世界语者寄来关于中国语拉丁化的几种材料，经过我们少数人的研究和讨论，认为这种方案是比较彻底的、进步的，而合乎科学的。究竟它在中国文化运动和语言革命上有多大的价值，让大众自己去评定罢。这里只作客观的介绍，并希望大家一同来讨论这个问题。（关于本问题的理论方面，可阅读焦风译的《每日国际文选》第 12 号《中国语书法之拉丁化》一文，在这里我觉得用不着重述了。）

首先要声明的就是这方案只是中国北方话的拉丁化，因为中国存在着很多不相同的方言，科学地分起来，可分为：北方话、江浙话、两湖川贵话、福建话和广东话五种。这五种方言各应有其独立发展的必要，因之中国语的拉丁化方案应当有五种。现在所介绍的只是中国北方话的一种，南方音和广东音并没有包含在里头。据该拉丁化的创造人称：将来尚有其他江浙话……等拉丁化方案出现。目前的方案只适用于北方的普通话，这一点是必须要向大家说明的。

中国语拉丁化的字母及其写法

（一）字母表

A	a	（啊）	Ng	ng	（兀）
B	b	（背）	O	o	（哦）
C	c	（此）	P	p	（丕）
Ch	ch	（吃）	R	r	（二）
D	d	（得）	Rh	rh	（日）
E	e	（厄）	S	s	（四）
F	f	（费）	Sh	sh	（是）
G	g	（革）	T	t	（特）
I	i	（意）	U	u	（乌）
J	j	（意）	W	w	（为）
K	k	（克）	X	x	（黑）
L	l	（勒）	Y	y	（与）
M	m	（没）	Z	z	（子）
N	n	（内）	Zh	zh	（纸）

注：字母的读法，除母音 a、e、i、ou、y 及特别子音 c、ch、j、ng、r、rh、s、sh、z、zh 等外，其他子音则读若 be、de、fe……如世界语之 b 读 bo，c 读 co，ĉ 读 ĉo 也。又 g 之软音读"几"，k 之软音读"起"，x 之软音读"喜"。

字母中 z、c、s、zh、ch、sh 以及 r、rh 等字，其本身乃是中国的特殊音素，所以当这些子音的本身是单成为一音段时，对于上述各子音字母，不用再加上母音字母。

例如：z（字）、c（次）、s（四）、zh（纸）、sh（是）、r（二）、rh（日）等是。四声或五声（平上去入等）没有必要在文法上作为一条规则，只概以活泼的言语为主。但有几个极罕见的情形，不在此例，如 mai（卖）、maai（买）、nar（那儿）、naar（哪儿？）、gigo（几个）、giigo（几个？）等等。

（二）字的写法（北方的中国话适用）

（1）g、k、x 在 a、e、o、u 之前读硬音，在 i、y 之前读软音。

例如：gi（gigo 几个）、xi（xixuan 喜欢）、ki（kilai 起来）、ky（去）等是。

（2）字母里的半母音 j、w 用以正确的分出音段的界限来非常重要。它们仅只用于音段的开始，而且只在下列几种情形的时候。（在海参崴拉丁化中国文字第二次代表大会上，决定 j 的用法，旨在于分割音段，如 zhuji、pingjin。）

一、当它们后面是母音的时候。如 wa、wan、wei 等。

二、j 在 i、in、ing、y、yan、ye、yn 各音段里写在 i、y 之前，如果这些音段不在某字的开始，而在字的中间或末尾。

例如：yanjin（原因）而不是 yanin;

　　　guanjy（关于）而不是 guany。

三、w 在 u 这个音段中写在 u 的前面，假如这个音段不在字的开始，而在其中间或末尾。

例如：duiwu（队伍）而不是 duiu;

　　　iwu（义务）而不是 iu。

四、假如中间或末尾的音段为 a、o、e 等字开始的，则该音段与前音段用一撇分开之。

例如：ping'an（平安）；pi'ao（皮袄）。

五、字尾的 z 这个音段有两个用途：

甲、做名词的"字尾"用，如：

zhoz（桌子）、daoz（刀子）、wenz（蚊子）

乙、做名词的一个有独立意义的音段用，如：

wenz'（文字），在这种情形之下，在 z 之后应加上一撇。

六、兹列举从母音开始的字段的结尾如下表：

甲、单纯的母音，做音段的结尾：a、e、i、o、u、y。

例如：baba（爸爸）、shumu（树木）。

乙、复杂母音做音段的结果：ai、ao、ei、ia、iai、iao、ie、io、iou、iu、ou、ua、uai、ui、uo、ye。

例如：kaishui（开水）、niunai（牛奶）；

guogia（国家）、shuoxua（说话）。

丙、鼻音的母音做音段的结尾：an、ang、en、eng、in、ing、un、ung、ian、iang、uan、uang、yn、yan。

例如：shan（山）、gungchang（工厂）、rhen（人）。

（注）：应该注意鼻音的母音有两种，即：1. 结尾为 n；2. 结尾为 ng。它们与其他母音的分别，在 an-ang, ian-iang, uan-uang 这些字里面是完全清清楚楚的。

例如：danshi（但是）；dangsh（当时）。

这种分别在书法中应该严格的遵守。但在（en-eng, in-ing）的情形中，这种分别并不都是清楚的，所以在书法上，不必遵守一定的写法。

七、现将纯粹的、复杂的以及鼻音的母音的字，都是独立的字段的，列为下表：

a、ai、an、ang、ao、e、ei、en、eng、i、in、ing、ia、iai、ian、iang、iao、ie、io、iou、iu、yng、o、ou、u、wa、wai、wan、wang、wei、wen、weng、wo、y、yan、ye、yn。

（三）整个字的写法

一、每一句话的开头一个字母，要用大写。

例如：Wo ch goz（我吃果子）

Ta sh gungrhen（他是工人）

二、人名、地名都用大写。

例如：Xubei（湖北）、Xunan（湖南）、Lu Syn（鲁迅）

三、外国地理上的名称，以及人名、地名，都照本来的发音。

例如：Moskwa（莫斯科）、Berlin（柏林）、Lienin（列宁）、Marks（马克斯）

四、在文章中每一行写满了而有几个字没有写完时，可以将未完的字音段，移到下一行，但只能将未完之整个音段移下，而不能移下音段之半截。

例如：Zhung-guo，但不可以写作 Zhu-ngguo。

五、一切复杂名词不管其字的性质如何，一律连写。

例如：fangz（房子）、shxour（时候）、shtou（石头）、muziang（木匠）、xyosheng（学生）、laodung（劳动）、shexuizhuji（社会主义）。

六、代名词一样的也有连写。

例如：zhego（这个）、zheli（这里）、nali（那里）、shcma（甚么）、gigo（几个）。

七、多数字的结尾字（mn 们）与名词连写。

例如：rhenmn（人们）、tungshmn（同志们）、womn（我们）、nimn（你们）、tamn（他们）。

八、与数目相邻的数字与该数目字连写。

例如：izhang zhoz（一张桌子）

lianggo rhen（两个人）

idiar shcing（一点儿事情）

秩序数目字中的 di（第），与数目字连接时，中间加一横。

例如：di-u tian（第五天），同样 mei（每）也与 di（第）例相同。

例如：mei-r rhen i zu（每二人一组）

无定的数目字，也应在两数字的中间加上一横。

例如：liang-sango rhen（两三个人）

在句子中，表示有分数的字，应该照下例写：

baifenzh i（百分之一），但也可以写作 1%。

baifenzh-rsh di lisi（百分之二十的利息，也可以写作20%lisi）。

九、复杂形容词和副词，也可以连写。

例如：ganzing（干净）、lixai（利害）、gintian（今天）、xaoxaodi（好好的）。

十、副词：xen（很）、zui（最）、ding（顶）等和形容词分开写。

例如：xen xaodi（很好的）、zui siaodi（最小的）、ding dadi（顶大的）。

十一、所有一切的前置词，都与名词隔开写。

例如：shang nar ky（上那儿去）、da nar lai（打那儿来）。

下列各字头，也当隔开写：ba（把）、gei（给）、yng（用）。

例如：yug bi sie z（用笔写字）。

假如后音段是单音缀时，与名词连写。

例如：dao giali ky（到家里去）；

zai zhoz shang（在桌子上）。

在这种情形下，若是在后音段是双音缀系，那就应与名词分开写。

例如：cheng waitou（城外头）。

十二、接续字，一概连写。

例如：inc（因此）、dansh（但是）、zhsh（只是）、iesh（也是）、bogosh（不过是）、ziush（就是）、rhanr（然而）。

十三、ba（罢、吧）、la（啦、了）等字概和与它们有关的名词、形容词、动词连续写。

例如：Wo diula dungsila（我丢了东西啦）。

xaolaba（好啦吧）、zouba（走吧）。

（注）：感叹词a（呵）、ia（呀）以及其他等，与其前面的字分开写。

例如：Ia！budeliao！（呀！不得了！）。

十四、形容词及副词的字尾di一概和它们相连的字连续写。

例如：xungdi xuar（红的花儿）；

manmandi zou（慢慢地走）。

di与其前的代名词连续写。

例如：Tadi shu（他的书）；

Zheben shu sh tadi（这本书是他的）。

十五、一切复杂动词不论它们组成性质如何，一律连写。

例如：dakai（打开）、dedao（得到）等是。

十六、表示时间的liao或la（了）或（拉）、go（过）、zho

（着）等字，都与动词相连写。

　　例如：Wo chla（我吃啦）；

　　　　　Wo chgo（我吃过）；

　　　　　Ta zhanzho（他站着）。

　　　　　表示将来的 iao（要）、xui（会）与其主动词分开写。

　　例如：Wo iao shuigiao（我要睡觉）；

　　　　　Ta xui lai（他会来）。

　　十七、与动词连续写的，有：

　　甲、表示行动方向的 lai（来）、kv（去）。

　　例如：xuilai（回来）、xuiky（回去）、shangky（上去）。

　　乙、表示行动或情况的。

　　例如：rhenrhen baitian ganxo,ieli shuigiao（人人白天干活，夜里睡觉）。

　　十八、具体的补充词，应和动词的实词分开写。

　　例如：Ni nian shem?（你念甚么？）

　　　　　Wo nian shu（我念书）等是。

　　十九、否定词 bu（不）、mei（没）与动词分开写。

　　例如：mei kygo（没去过）；

　　　　　bu shufu（不舒服）等是。

　　但是 meiyou（没有）和 bush（不是）二字常连着写。

　　但否定词表示行为是不可能的时候，不管否定词列在动词前或后，一律都连着写。

　　例如：laibuliao（来不了）；

　　　　　shuobushang（说不上）；

　　　　　bukobu（不可不）；

　　　　　bunengbu（不能不）等是。

至于否定词的疑问式的字，则在肯定词的中间加一横划。

例如：iou-meijou（有 没有）；

   sh-bush（是 不是）；

   neng-buneng（能 不能）等是。

二十、成语的写法，也用横线来表示。

例如："ujyan-ugu"（无缘无故）；

   "ioutiao-iouli"（有条有理）；

   "idao-liangduan"（一刀两断）等。

但有些成语只要有括弧""不必用短线，例如："zungrianzh"（总而言之）、"kiioucli"（岂有此理）等是。

附：中国拉丁化书法之一斑（《拉丁化中文词典》之序言首段）

Cung diic biangiang zhungwen latinxua daibiao daxui ixou, Yandung Latinxua sin zmu weijyanxui ziu kaishliao latinxua zhungwendi syanchuan gungzo xo zuzh gungzo,cangia shexuizhuji gianshedi guangda Zhungguo laodung kynzhung duijy latinxua zhungwen biaoshzho gi rheliedi xuanjing.

"希望"
——为柴门霍夫博士八十三诞辰纪念而作

【编者按】刊载于重庆《新华日报》1942年12月15日第四版，署名亚克。

柴门霍夫博士以人类爱的精神和科学家的头脑创造了ESPERANTO这全世界各民族的共通语，它给人类文明增加了更辉耀的光彩。柴门霍夫对于人类的贡献，并不比拍尔、马可尼等科学家差些。拍尔发明了电话，使人们相互间的传达感情，不知方便了多少倍；马可尼对于无线电的发明，更增进了人们感情和事物传达的便利。而柴门霍夫的国际辅助语的创造，使全世界各个不同的民族有了相互联络的工具，不仅如此，他还给人类一个"爱"的思想，即为人类和平而斗争的思想。对于这个伟大的贡献，我们能加以忽略的吗？

柴门霍夫博士不仅在世界语者的心目中是一个了不起的人物，同时他也被一般的学者认为是一个伟大的科学家和思想家。柴门霍夫的一生充满了为真理而奋斗的热情。他在创造国际语的过程中，经历了百般的磨难。起初他被父亲禁止研究这个问题，继而他最初的关于国际语言方案的草稿，被严厉的父亲统统给烧掉了。他父亲所以这样做，是为了"拯救"自己的儿子，要他做一个"务正业"的医生。虽遭遇了这种挫折，柴门霍夫并不灰心，他毅然决然地重新又从事创作。结果经过了六年改善和试验的工作，他才完成了这个语言（ESPERANTO）的创造。

世界语诞生以后，并没有立即顺利地为一般人所接受，当时还有许多人讥笑他是一个空想家。但是赞助他的人们终于接受了他的方案，并且在当时（十九世纪的九十年代）的俄国、法国、德国、英国、瑞士等欧洲的国家里开始发展起来了。在一八九四年俄国大文豪托尔斯泰给柴门霍夫的回信上说："我在六年前收到世界语的文法、字典和用这种语言所写作的论文之后，不过两小时的努力，我纵不能够用这种语言来写作，至少也能自由阅读这种语言的原文了。"

从此以后，柴门霍夫的语言才变成多数人共有的语言了。五十多年来，世界语终于为全世界各民族的人民所接受，而被传播在全球的每个角落里。但这个运动的开展和普遍，并不是偶然的，而是由于柴门霍夫和他的信徒们对这个理想所怀的热烈的"希望"、高度的"坚决"和"百折不挠"努力的结果啊。在纪念我们的大师——柴门霍夫——八十三诞辰的时候，让我们齐诵他的诗篇《路》中所说的作为我们从事这一运动的，乃至任何运动的人的座右铭吧：

那希望，那坚决，和那百折不挠，
凭这三种威权，作我们的记号：
我们一步一步，积长期的辛劳，
会光荣地把目的达到。

《现代中文世界语辞典》序言

【编者按】载于上海曙光出版社1935年9月出版的《现代中文世界语辞典》书前。霍应人署名徐文。

世界语运动，这几年在中国的进展，正是值得惊人，各地学会的成立，刊物的发行，书籍的出版，均有如雨后春笋；世界语者的数量的增加，亦有一日千里之势；"世界语"三个字在一般知识阶级之间，几乎已成为普遍的常识了。无疑地，随着国际的情势的激变，这一伟大运动的前途，是有无限的光明的！

因为运动的激遽的进展，各种教本、读物、字典、辞典、参考用书等之需要，是非常迫切的。迄今为止，这类书籍出版的数量，算已相当不少；但无疑地，事实上还是未能满足客观的需要。在这种情势的刺激之下，我们顷抱着不少野心，想为中国世界语出版界来尽一点可能的努力，因之首先有这部辞典的问世。

在经过许多意外的困难之后，这部辞典，今日始得与全国数万同志见面，编者的欣慰，自然是说不尽的。同时，我们这次毅然担负起这种重大工作的决心与努力，并未因意外的困难而被摧毁，这益使我们加强了对于今后工作的信心。

编一部辞典，真是一种意想不到的苦工，而且也是不易讨好的事；但我们站在为世界语运动忠实服务的观点说，是决不能计及这些的。我们不敢说这部辞典有多大成功，但我们始终以决不偷懒的决心，以毫不敷衍的态度，曾尽了我们可及的力量，如果这一点儿努力，而能与中国世界语运动以些少帮助，则我们一年的心血也不算白费了。

有人说，要编好一部辞典，非有三五年工夫，是不可能的。自然，事实上能容许我们几年工夫，来慢慢地编时，结果也许比在短时期内编成的不同；但时代是激变的，人事是纷繁的，在这紧张的时节，欲划出长时间来工作，这在我们这些从事世界语运动的人，事实上既有困难，即就目前世界语运动上之迫切需要说，似乎也是不应该的。以我们三个人的精力，七个月的时间，每日平均五小时的工作，也抵得一个人编的一年半以上，时间似乎也不算少了。我们也不欲以费时之长久自炫，我们只不过辛勤地尽了我们的力量罢了，缺陷与不妥之处，自然难免，我们恳切地希望每一个同志的指教！

关于本辞典编纂上尚有两点可为使用本辞典诸同志告者，兹分述如下：

一，收载语汇，力求丰富。本辞典收载语汇，约四万二千条，包括各科专门术语，社会科学名词，新文艺名辞，外来新语，日常用语，以至各地方言，对于已死去的单字则相当摒弃，打破历来以字为单位之死板形式，注重成语熟语之活生生的用法。

二，语汇世译，力求精确。中国语汇，有时含意非常模糊，同一词儿，没有什么变化（如词尾变化），就可作名词、形容词、动词或副词用。我们在这种场合，只好取其最通用的一种用法译出，但必要时，也全部翻译。至世界语的同意字有几种者，亦尽可能地罗列出来，其他译语务求个杜撰，不死译，而以国际间各种辞典有根据可凭，或自己经验所及者为选用之标准。

在增补及校对时，承杜华刚、车平中两同志帮忙不少，我们在此深致谢意!

　　本辞典由黄钟排版印书馆承印。该馆经理黄钟君特为本辞典铸造六号世界语新字，日夜加工赶排，终以三个月时间，如期印出，我们对于黄君之努力，亦在此志谢!

《现代中文世界语辞典》编纂方针及经过

【编者按】载于上海曙光出版社 1935 年 9 月出版的《现代中文世界语辞典》书前。霍应人署名徐文。

我们始终抱着决心：想把这部辞典弄得尽可能的充实，使初学以至精通世界语的同志，有了这部辞典，能够在造句、作文、翻译、著作时，获得解决用字困难的途径，而促进其言语技术水准的提高。因此，在词儿采用方面，全出以慎重及批判的态度；对于汉字的选择，均以适合于现代生活与否为取舍。即是，第一：我们以为一个单独的汉字，在中国话里，多不能有独立意义的存在，故编辑纯以词儿为单位，不注重单字之单独意义。第二：对于已死去的不合现代生活的字眼，我们认为采来毫无用处，故不论其是单字或词儿，均在摒弃之列。第三：我们认为外来语之吸收，足以补救中国语汇之贫乏，故对于国际间流行的各国语汇，尽量搜罗之。第四：土语方言之采用，似亦补救中国语汇贫乏之一道，故在这方面，亦尽相当努力，采用了不少的使用范围较广的各地方言，如"堂客 edzino（湘语）"，"破鞋 kaŝprostituitino（晋语）"，"赤老 aĉuluo（沪语）"，"闹蹩扭 malpciĝi（北平语）"，"丢那妈 diablo,azeno（粤语）"之类是。第五：有些中国词儿在世界语里并不能发现其同意语时，则以音译出；即我们欲大胆地尝试，使世界语也能吸收一些中国词汇，而更国际化起来。这类词儿采用的如："胡琴 hûĉino"，"豆腐

tohuo"，"高粱 gaŭljano"，"馒头 mantuo"等是。第六：汉字检字，在现时还没有一个最善的方法，我们认为以笔画检字，比较的便利，故决定采用依笔画多少的检字法。但笔画的计算，依新旧写法之不同而有出入，故我们从新将汉字笔画清理了一次，以最普通的写法为准则。如"爲"字依旧写法本为十二画，但通常均作九画计算，故把它归并到九画中来。像这样整理了的字，约有七八十个。第七：对于译语的选择，为避免编者之武断起见，总以国际各种辞典收载过的为取舍原则，但编者经验所及的，亦大胆采用。第八：中国词儿意义不甚明了，或为编者所不能了解者，均以商务的《辞源》上的解释为根据。

以上是我们编纂这部辞典的方针。其次要说一说编纂的经过。

正式开始编辑工作，是一九三四年年底。当一九三一年庄萍住东京时，本即已开始动手编辑，惟当时手边缺乏国内的参考书，尤以个人的力量薄弱，终于没有勇气干下去，仅收集了一些可用的单语，就一时搁了下来，后来为开明书店编了一部《汉译世界语小辞典》，对于编汉世辞典的计划遂无形中放弃了。直到去年年底，我们三个人，谈到中国世界语运动蓬勃的现状，觉得汉世辞典的需要非常迫切，经几度商量之后，遂决心合作，于十二月底就开始了工作。主要的由竹逸、徐文担任英俄文部分的参考，庄萍担任日本文部分的参考。我们先本欲以三个月求其速成，但编者均有其他职务在身，每天平均只能工作五小时，结果费时七个月至七月中才全部告成。

编辑时所采用材料如下：汉词之选用，主要的系根据世界书局之《汉英辞典》、商务之《华英大辞典》，更辅以其他辞典及参考书五六种。译语的选用，主要的系根据 English-Esperanto Dictionary 及日本之《新撰和世辞典》（冈本好次编）及其他英世、日世、俄世辞典三四种。材料除主要的根据各种辞典之外，各报章杂志所经见的，及编者主观记忆所及的也都尽量利用及之。

全部编竣之后，曾作三次增补。第一次将钟宪民编之《世界语汉文模范辞典》及周庄萍编之《汉译世界语小辞典》各从头至尾看一遍，择其可用的而未及编入的词儿，全数补入。第二次将日本之《新撰和世辞典》亦全部检阅一次，可用之词，亦尽量补入。第三次将《现代语辞典》《新文艺辞典》及《社会科学大辞典》上之各种用语、术语，择其重要者，译出补入之。

本文部分之全部排字，仅两个月即已排完，这不能不说是字典排字速率之最高纪录。因承印本辞典之印刷所工友对于世界语之排字，颇为熟练，同时日夜加工，每日平均可排十面。连印刷装订费时不过三个月，得以如期出版，这是我们非常欣慰的。惟尚有一缺点，即世界语合成字，其接头接尾字及合成部分，未及用斜体字（kursiva litero）排入，看起来，颇不醒目。但在目前上海各印刷所，世界语之斜体字，都不具备，这也是使我们无法可设的。只好请使用本辞典的同志翻字时细心一点了。

第二辑

略谈黎巴嫩和伊拉克的文学

【编者按】载于人民文学出版社 1958 年 7 月出版的《我们和阿拉伯人民》，署名霍应人。

　　黎巴嫩和伊拉克两国的文学同属于阿拉伯文学。阿拉伯的文学起源很早，远在 6 世纪已出现了游牧人民的诗歌。这些诗歌反映了阿拉伯民族进入阶级社会以前的社会关系、牧人和战士们的生活习惯和思想意识。当时阿拉伯的各氏族之间经常进行战争，每一氏族的诗人在他们的作品里都在歌颂本民族人民的勇敢、刚毅和热爱自由。民间的歌者这样唱道："我们的氏族人多势众，有数不尽的战士，数不尽的诗人。"这一时期流传下来的口头诗歌创作，只有后来记录下来的一些集子。最古老的一部诗集叫做《摩阿拉基》，其中收集了七位诗人的作品，从最古的诗人伊姆乌尔凯斯（6 世纪初）起直到穆罕默德（7 世纪初）的同时代人。在 8—9 世纪，在阿拉伯文学中又出现了散文作品——口头叙事体裁的小说，描述古代传说中的英雄故事。

　　大马士革的奥麦亚德王朝统治时期，阿拉伯文学进入了新的阶段。这一时期，即早期封建时期的宫廷文学中，明显地反映出了描写新的社会关系的与旧的氏族时代的思想意识残余之间的冲突，同时也反映了南部阿拉伯人与北部阿拉伯人之间的种族纷争。当时出现了一些著名的诗人，如：阿里·阿赫塔里、阿里·法拉兹达克和扎里尔等。

在 9—11 世纪的时候，阿拉伯文学有了新的巨大的发展。在哈里夫（阿拉伯王）和封建主的宫廷里描写爱情和享乐的诗歌非常盛行。诗人阿部·怒瓦斯、阿部·里·阿塔希亚、伊本·阿里·穆塔兹就是这一时期的代表。11 世纪时出现了天才的盲诗人阿部·里·阿拉·阿里·马里，他的作品充满悲观主义的情调，表示人民大众对封建压迫的消极抗议。

11—13 世纪的十字军东征，对阿拉伯文学也起过相当的影响。在阿拉伯文学中出现了不少幻想的骑士小说。这种最初由民间说书人所创造的特殊的体裁，后来也被书写文学所采用。举世闻名的阿拉伯故事《一千零一夜》就是属于这一体裁的作品。

16 世纪初，土耳其人占领了阿拉伯各国，在土耳其苏丹的残暴统治下，阿拉伯的文学衰落了。一直到 19 世纪后半期，阿拉伯文学才开始复兴。当时正是欧洲资本主义侵入了阿拉伯各国，封建制度开始瓦解，发生了反封建和民族解放运动。民族解放运动在阿拉伯各国文学的发展上引起了很大的变化。为了接近人民大众，资产阶级民主主义的作家不得不简化古典诗歌和散文里的华丽繁杂的文字，在某种程度上使它接近于普通人所讲的口头语。这种变化不仅限于文学作品的形式方面，在内容上也是同样的。

以上我们简略地介绍了阿拉伯古代文学的发展，这对我们进一步了解出于同一源流的现代阿拉伯国家的文学是有帮助的。下面我们来谈谈黎巴嫩和伊拉克的文学概况。

黎巴嫩文学，也像叙利亚、埃及和伊拉克的文学一样，是现代阿拉伯文学发展中的一个新的阶段。它跟叙利亚文学有着紧密的联系，因为叙、黎两国长期以来在经济和文化关系上是非常密切的。19 世纪后半期开始的反封建和民族解放运动促进了黎巴嫩文学的发展。这一时期的黎巴嫩作家和启蒙学者，力图养成民族的知识分子，并且复兴阿拉伯文化。当时的代表作家和学者有：纳西夫·阿里·亚塞基，他写过几部短篇小说集；黎巴嫩第一部百科全书的编者布特鲁斯·阿里·布斯塔尼，他编辑了《知识界》百科全书99卷和一部阿拉伯文详解字典；苏列依曼·阿里·布斯塔尼，他曾把荷马的史诗《伊利亚德》译成阿拉伯文。这一时期最有天才的黎巴嫩作家是阿赫美德·法利斯·阿士·史基亚克，他在所著的《阿斯萨克·阿里亚萨克》一书中详尽地描写了土耳其在黎巴嫩的残酷压迫和摧残人民的封建统治。

上一世纪的后半期，黎巴嫩人大量流亡到南北美洲和其他各地。在侨居外国的黎巴嫩人中有著名的作家杰勃朗·哈里尔·杰勃朗，他写过《沙与泡沫》和《不顺从的人们》，在这两部作品里，反映了黎巴嫩人民的反封建的斗争。黎巴嫩的另一位侨民作家祝尔治·塞丹是阿拉伯文学中历史小说的作者，他也是著名的阿拉伯文学和语言史的研究家。

本世纪黎巴嫩的天才作家之一阿明·阿尔·雷哈尼写了不少哲学和政论的文章、散文诗和历史著作。他的主要作品有：《阿拉伯王》（1924年），《在伊拉克中心》（1935年），《在黎巴嫩中心》（1938年），《现代内治史》（1938年）。阿尔·雷哈尼被公认为现代阿拉伯文学的经典作家。

从三十年代起，黎巴嫩文学中不同流派的斗争逐渐尖锐化。资产阶级唯美派集团（以诗人比沙拉·阿里·胡利为代表）宣传文学"中立"的反动口号。资产阶级自由主义最著名的代表有：小说家马隆·阿布德，他写过几本以黎巴嫩农村生活为题材的短篇小说集；台夫斐克·阿瓦德，他写过一部中篇《烧饼》，描写第一次世界大战期间黎巴嫩人民所受的苦难。进步和有民主倾向的作家聚集在作为黎巴嫩、叙利亚和其他阿拉伯国家的思想解放论坛的《道路》杂志的周围（该杂志于1950年曾获得世界和平理事会"和平金质奖章"）。这一派作家的领袖人物是奥马尔·法胡利，他是反对帝国主义侵略者、拥护和平与民主改革的战士，写过许多尖锐的反法西斯的论著，如：《黎巴嫩的真理》《毫不留情》《市场上的文学家》《苏联是基石》等等。属于这一进步民主派的诗人、作家、政论家等和平战士还有：哈里德·巴克拉士、安同·塔比特、祝尔基·汉纳、里德旺·沙哈尔、阿里·彭尼等人。

伊拉克的文学复兴要比叙利亚、黎巴嫩和埃及迟得多。在20世纪初期，反对土耳其的民族解放运动日益高涨。这时候出现了政论体的文学，后来才进一步发展为艺术散文。伊拉克人民反对英国占领的群众运动，大大地促进了民族的觉醒和新诗的产生。在阿部·泰曼·阿士·希拉季、麦赫第·阿里·哈利西和阿士·沙比比等人所写的小册子、论文和诗歌里，都反映了反抗异族压迫和国内反动势力的社会性抗议。依勃拉希姆·萨里赫·舒库尔的政论揭露了亲英反人民政府的种种罪恶。特别知名的作家有：小说家和哲学家阿勃德·阿里·法塔赫·伊勃拉希姆，他写过《在去印度的途中》和《法西斯主义的反动本质》；政论家和特写作者阿勃德·阿里·马基德·卢特斐，他写过《母亲的心》《音乐家的死》等特写。天才小说家苏安·依·埃尤布在他的《伊勃拉希姆医生》《劳动者》《土地，手和水》等中篇小说和许多以农民生活为题材的特写中抨击了封建制度，并且保卫了文学为人民服务的思想。

伊拉克的诗歌在阿拉伯国家的文学中占着主导地位。著名诗人阿勃德·阿里·慕赫星·阿里·卡西米在他所写的诗里歌颂埃及人民的民族解放斗争。加米尔·西德基·阿兹·萨哈维的长诗《地狱里的起义》，描写半封建和依赖帝国主义的国内反动势力对人民的迫害和恐怖。另外一位诗人马鲁夫·阿尔·卢萨斐写过不少的诗，如：《巴格达的牢狱》《巴希尔的贫困》《节日的孤儿》。在这些诗里，卢萨斐写出了多灾多难的伊拉克人民的悲惨命运，他们四百年来处于土耳其人的压迫之下，后来又受到了英帝国主义和国内封建反动势力的双重迫害。阿尔·卢萨斐的学生、著名诗人麦赫第·阿里·加瓦希利是一位争取伊拉克独立自由的民主战士，也是保卫世界和平运动的积极参加者。加瓦希利的诗从内容方面看来，可以说是伊拉克现代史的诗体日记，它反映了20世纪以来伊拉克人民为争取独立、反对土耳其压迫、反对英国占领和国内反动王朝而进行的斗争。

现在伊拉克人民已经推翻了帝国主义和封建的反动统治，完成了民族解放的伟大事业。黎巴嫩虽然正处于美帝国主义的侵略之下，但人民起义军的力量是很强大的，我们相信黎巴嫩人民一定能击退外国侵略者，获得完全的解放。我们知道，现代阿拉伯文学的复兴和发展是与阿拉伯各国的民族解放运动有着最密切的关系的，民族解放运动一方面提高了人民的觉醒，同时也不断地产生了新的文学。在这次伊拉克和黎巴嫩两国人民的伟大民族解放斗争里，两国的文学一定会有更大的发展。我们在向伊、黎两国人民表示我们对他们的支援决心的同时，我们热烈地希望伊拉克和黎巴嫩以及其他阿拉伯国家的作家和诗人们，在民族解放的火热斗争中，写出辉煌的作品来丰富我们全世界的文学宝库。

《沙逊的大卫》译后记

【编者按】载于人民文学出版社 1957 年出版的《沙逊的大卫》书后，署名霍应人。

史诗《沙逊的大卫》是一部辉煌的民间创作，是亚美尼亚人民的文学珍宝，是全世界最伟大的民族史诗之一。我们虽然不能由亚美尼亚文欣赏史诗的原作，但我们可以通过俄文把它介绍过来。

史诗的最近一个俄译本是苏联学者们的集体创作，它在亚美尼亚科学院的学术会议和亚美尼亚作家协会的扩大会议上朗诵和讨论过，又经过亚美尼亚共和国庆祝史诗《沙逊的大卫》一千周年纪念委员会的审查和通过，因此它是几十年来这部史诗的最完善的俄译本。苏联作家协会为了翻译这部史诗，曾组织了一个翻译委员会，参加这个委员会的共有四人：B. B. 捷尔热文，A. C. 科契特可夫，K. A. 里勃斯克罗夫和 C. B. 谢尔文斯基。苏联科学院院士 H. 奥尔别里给史诗的俄译本写了序言，全面地介绍了史诗的历史背景和它的艺术价值。

我开始翻译《沙逊的大卫》这部史诗是在一九四〇年春季，当时根据的是苏联"星火"丛书《沙逊的大卫》俄文节译本，只有史诗第三系第一部的一章——大卫和密斯拉麦立克的战斗。这个最初的译本曾于一九四二年由桂林的"萤社"出版，书前印有戈宝权同志写的序言："介绍亚美尼亚民族的史诗《沙逊的大卫》"。一九四三年夏天我得到了亚美尼亚国家出版社出版的俄文全译本，即开始从头译起，一九四四年二月译完。十几年来这部史诗的中文译本一直没有出版的机会，现在有可能把它重新校订，并经戈宝权同志重新改写了序文，将这部辉煌的史诗完整地介绍给我国读者，使我感到莫大的喜欢和荣幸。

　　本书所附八幅插图是亚美尼亚画家巴格达沙尔·密斯罗比扬绘制，根据苏联国家文学出版社一九三九年版俄译本复制的。

《大卫与汉都特》前诗提要

【编者按】载于《中原》1943 年第 1 卷第 2 期，署名亚克。

史诗前章《大卫和密斯拉麦立克的战斗》叙述阿拉伯皇帝密斯拉麦立克引兵侵犯沙逊城，沙逊城内发生了很大的恐慌，有的人主张投降，有的人主张抵抗。大卫的伯父们怕年轻的大卫去应战牺牲性命，就用酒把他灌醉。大卫醒来，向他的伯父讨了他父亲穆格尔的电光剑和嘉拉利马，又戴上了神圣的"军人的十字章"，准备单身匹马去出征。大卫在出征以前，依着他的祖母戴赫存的吩咐，去到他父亲的错瓦沙尔乳泉之地喝饱了泉水，自己变得很强大；他又去穆格尔的试剑柱那里试了宝剑是否锐利。然后驱马奔向阿拉伯的军队去战斗。他看见阿拉伯的军队多的好像无边的海浪。

大卫策马闯入敌阵，用剑砍杀，用马践踏，杀人无数，死尸都被血流冲走。在战斗中他遇着一个阿拉伯的老人，老人告诉他，兵士们不是他的敌人，他们是被迫抛妻弃子来出征的，他的敌人是密斯拉麦立克。大卫跑来找麦立克，却上了麦立克的当：麦立克在他的帐中掘了一个十五丈深的陷阱，用铁钢盖在陷阱上，铁钢上又铺了毛毡。他骗大卫下马向上一坐，就掉进坑去，亏得神的力量大卫才得脱身。大卫出来后，找麦立克来决战，麦立克已经胆怯了，不得已只好应战。先是麦立克用棍打了大卫三下，打得天昏地暗，日月无光，而大卫却毫无损伤；次由大卫用剑砍麦立克三下，麦立克却要求自己藏在地窖里，盖了四十张牛皮，又压了四十盘磨石，磨石上还盖了毡子。结果大卫一剑把麦立克斩为两段。

大卫杀死麦立克后，他宽大为怀，放阿拉伯的军队各归家乡。他自己骑着嘉拉利马得胜返回沙逊城，整个沙逊城的居民——由老人到小孩子——都来迎接他。从此大卫就成了沙逊城的英雄和保卫者。

《乡村婚礼》译后记

【编者按】刊载于《译文》1957 年第 10 号，署名亚克。

　　波兰女作家玛丽亚·董布罗夫斯卡生于 1892 年。她曾在国外受教育。她以政论家的身份开始文学活动，曾写过关于合作社的论文和《实行土地改革》论文集。本世纪二十年代，董布罗夫斯卡发表了《樱桃树枝》（1922 年）和《童年的微笑》（1924 年）两个短篇，在文坛初露头角。1925 年出版了她的描写农村贫民生活的短篇小说集《从彼处来的人》以后，才在波兰文艺界取得巩固的地位。这时候在创作上她还受着自然主义的影响。她在 1926 年开始写长篇小说《暮暮朝朝》，共四卷，于 1932—34 年陆续出版。在这部小说里，她描写了 150 多个不同的人物，代表着波兰人民的各个阶层。

　　第二次世界大战和德寇占领期间，董布罗夫斯卡留在华沙，直到华沙被毁的前夕才离开那里。波兰解放后她又回到华沙，继续写作，也写政论作品。战后，她发表了许多中篇和短篇，收在一本名为《晨星》的集子里。她的短篇《第三个秋天》和中篇《乡村婚礼》，都是以解放后波兰的农村生活为题材的作品，引起了波兰各界的特别兴趣。董布罗夫斯卡还写过几部儿童读物，如《祖国的孩子们》《玛尔琴·柯塞拉》和《友谊》。

　　董布罗夫斯卡积极参加社会活动，她是波兰作家协会会员，保卫和平运动的积极支持者，1955 年曾荣获波兰国家奖金的一等奖。

《乡村婚礼》是董布罗夫斯卡以解放后的农村生活为题材的中篇小说。围绕着一堆年轻的新人，她用细腻的手笔描写了参加婚礼的、新郎和新妇的亲戚们的不同的性格、不同的命运和在生活中不同的地位。而最突出的是作者加意叙述了新娘的母亲玛尔戈热塔的思想和感情，以及她的家庭在解放前后生活的对比。波兰成立人民政权之后，在生活的各方面起了重大的变化，一向比起工人来要保守的农民，很难一下子理解和适应这种剧烈的变化。有些农民对集体化还抱着怀疑态度。女主人玛尔戈热塔和她的丈夫谢潘都没有参加合作社，他们两人都在观望等待，都想要对方来对生活中的这个重大事件采取决定。作者很真实的描绘出农民的保守心理——对于没有亲身体验过的东西总是不敢轻信。作者通过小说中的人物提出了农民生活中的许多问题，但对这些问题并没有给以明确的答复。虽然如此，作者在新娘的妹妹雅德维霞和她舅舅的对话里也指明了农村集体化的光明前景。

婚礼的描写非常细腻生动，读后使人有身临其境的感受，仿佛听到了主人和客人们的一言一笑，也替他们分担了忧虑和喜悦。

这个中篇是根据苏联《外国文学》1955 年 5 月号转译的，俄译者是乌谢耶维奇。

关于《列宁全集》

【编者按】刊载于《读书月报》1956年第1期，署名应人。

《列宁全集》翻译成中文出版，这是我国人民思想生活中的一件大事。这对于我们更好的、更有系统的去学习马克思列宁主义理论，提供了有利的条件。列宁丰富的、珍贵的思想遗产，是我们实现社会主义强有力的思想武器。

关于《列宁全集》各卷的主要内容和它的意义，在这里哪怕是做一个最简单的介绍也是不可能的。在这里只打算向那些还没有接触到《列宁全集》的读者们谈谈有关的一些出版上的情况。

《列宁全集》在苏联已经出过四版了。第一版是根据俄共（布）第九次代表大会的决议在1920年开始出版的，到1923年出齐；列宁逝世以后根据苏联苏维埃第二次代表大会的决议在1925年出版了《列宁全集》第二版，同时还出版了和第二版内容相同而定价较低的第三版，到1932年出齐。这几个版本都还存在着一些缺点，所以，1941年苏共中央马克思恩格斯列宁斯大林研究院根据联共（布）中央委员会的决议开始出版《列宁全集》的第四版。第四版收集了列宁的著作二千九百二十七篇，比第二、三版增加了五百多篇，是列宁遗著最完全的版本。全书一共35卷，到1950年已经全部出齐。《列宁全集》中文版就是根据这一版，由中共中央马克思恩格斯列宁斯大林著作编译局翻译，人民出版社出版的。

《列宁全集》第四版最初每卷印五十万部。这个庞大的印数还是不够的，后来就增加到七十多万部。在俄文版出版以后不久，就翻译成乌克兰、白俄罗斯、阿塞拜疆、格鲁吉亚、亚美尼亚、拉脱维亚、立陶宛、爱沙尼亚等民族文字出版。在保加利亚、罗马尼亚、波兰、捷克斯洛伐克、匈牙利、德意志民主共和国、朝鲜等人民民主国家也都陆续翻译出版《列宁全集》，意大利文版、希腊文版、日文版也已经开始印行。全世界的劳动人民都非常珍重伟大的革命尊师列宁的思想遗产。

收集在《列宁全集》第四版的著作是按写作或发表的年代顺序排列的。第一卷到第十七卷包括列宁在为建立一个新型的无产阶级政党而斗争的时期的著作；收集在第十八卷到第二十六卷中的是列宁在准备和实现社会主义革命、为建立无产阶级专政而斗争的时期所写的著作；第二十七卷到第三十三卷是列宁在十月革命以后所写的著作。列宁发表过的书信和电报是按写作或发表的时间分别编入各卷的，但是列宁在世时未曾发表过的书信，则按年代次序另编为两卷，就是第三十四卷和第三十五卷。除此以外，《列宁全集》第四版还包括印成单行本出版的《哲学笔记》《帝国主义笔记》《土地问题笔记》和《列宁家书集》。

收集在全集第四版中的文章，曾根据列宁的手稿、他亲自复印的著作以及他校订过的速记稿原本等资料重新校对过。各卷中还附有简短的说明、外文词句的译文、注释和列宁生平事业的年表。

《列宁全集》中文版出版一种和俄文版一样的漆布封面精装本，同时出版平装本以满足庞大购买力较低的读者。平装本定价约比精装本减低三分之一。这两种版本第一卷的初版本共印行了十一万五千册。

　　为了适应我国人民目前迫切的需要，在第一卷出版以后准备先出版第二十八卷到第三十三卷。这几卷说明了列宁"在领导历史上第一个社会主义国家、在组成社会主义祖国的国防以打破外国的武装干涉和资产阶级地主的反革命势力、在领导社会主义建设等方面的包罗万象的活动"（第四版说明），所以这几卷俘先出版是有着重要意义的。

　　《列宁全集》中文版三十五卷，预计在 1960 年可以全部翻译出版。斯大林在苏联共产党第十四次代表大会上曾经说过：我们幸运的地方，就是已经把《列宁全集》出版过几次了，无论年青的或是年老的干部思想都在成长，这件事实是我们党决不会离开列宁主义道路的一个基本保证。斯大林的这句话对我们也是很适用的，在今后五、六年内能够把《列宁全集》中文版出齐，的确是我们的一种幸福。我们将从列宁著作的思想宝藏中汲取力量。列宁主义的思想像阳光一样照耀着中国人民走向社会主义的道路。

高尔基的回忆录——《列宁》

【编者按】刊载于《读书》1960年第8期，署名应人。

伟大的革命导师列宁逝世以后不久，高尔基怀着沉重的心情写过一篇回忆文章，后来，他对这篇回忆录并不满意，说是既了草，又不好，有一些令人懊恼的遗漏，而且应该从伦敦代表大会那些日子写起。1930年，高尔基对原文作了很大的修改和补充，写成了我们现在要谈的这本著名的回忆录——《列宁》。

为什么要从伦敦代表大会的那些日子写起呢？在这以前，高尔基没有见过列宁。在这次大会上，列宁对孟什维克的机会主义派别进行了不调和的斗争，给了高尔基非常深刻的印象。高尔基亲眼看到，列宁是怎样被一些人怀疑、忌恨，同时被另外一些人公开地敌视，甚至憎恨着；然而列宁坚定地领导着布尔什维克，终于取得了斗争的胜利。高尔基在和列宁的接触中深刻地感到，"他的思想，像罗盘的指针一样，总是指向着劳动人民的阶级利益，领导工人阶级进行战斗"。

列宁夫人克鲁普斯卡娅在读了这段回忆后，曾经对高尔基说："列宁在你的回忆录里就像他活着一样。写伦敦代表大会写得好极啦。你的回忆录中的每一句话，都会使我想起许多类似的情况。"

这次大会以前，列宁已经读过高尔基的《母亲》一书的手稿，并且作了唯一、然而极其珍贵的赞语："一本非常及时的书。"

从这个时候起，列宁和高尔基之间，建立了进一步的友谊。

在伦敦分别以后，高尔基约请列宁到意大利的卡普里岛去。当时，高尔基在那里修养，波格唐诺夫等马赫主义者也在那里。当时列宁正在和这些哲学上的修正主义者展开斗争，高尔基却希望他们和解。所以，列宁在到卡普里岛以前，就把分歧的经过写信告诉了高尔基，并且指出：这些在哲学上采取修正主义立场的人，"走的是极端错误的道路，非马克思主义的道路"，"在哲学问题上发生某些争吵是完全不可避免的"（见《列宁全集》第13卷）。列宁在码头上和高尔基刚一见面时，就坚决地声明，"和解"是做不到的。列宁讲到这件事情时曾向高尔基说过，尽管他们是"一些聪明的、有才能的人，曾经为党作了不少事情，本来还可以多作十倍，但是他们不同我们一道走了！"

在回忆录里，高尔基叙述了他1917—1918年间，在知识分子问题上的一些错误的看法，这些看法受到了列宁的批评。列宁认为，革命需要知识分子，必须吸引资产阶级专家来工作，并且给予他们比在资本主义制度下更好地工作的机会。列宁曾经和高尔基开玩笑似地说："我们把俄国和欧洲的阿基米德一个一个都拉过来，那时候，不管愿意不愿意，世界总会翻一个身。"列宁号召知识分子要为工人阶级诚实地工作，并且指出如果不这样，他们就没有力量，就不会为群众所接受。高尔基却过高地估计了知识分子的作用，说知识分子过去曾经是、现在也是、而且在长时期内也还是"拖拉俄国历史这辆载重大车的唯一一驮马"，甚至在苏维埃俄国被帝国主义封锁、干涉，反革命势力从四面八方袭来的年代里，对那些被镇压的反抗和破坏工人阶级事业的人，采取了同情和怜悯的态度。事实教育了高尔基，正像他在回忆录里所说的："十三年以前我是这样想的，也就这样地错了。"我们可

122

以看到，列宁每一次和高尔基接触，都在帮助他和教育他从思想上认识自己的错误，提高他的觉悟。列宁的教导充满了对同志的出自衷心的关怀和热情，所以，高尔基在列宁逝世以后，感到特别哀痛，难以忘怀；同时也更加认识到列宁的伟大、正确，以及列宁的声音是怎样地激发着全世界劳动人民的意志，号召他们为实现人类最美好的理想奋斗。

友谊的花朵：介绍《苏中友好》杂志

【编者按】刊载于《政治学习》1959 年第 7 期，署名应人。

　　《苏中友好》杂志，是苏联苏中友好协会专门为中国读者编辑出版的一个周刊。从去年一月创刊，到现在已经一年多了。这是一个图文并茂、内容丰富多彩的综合性期刊。它向中国人民介绍苏联人民以高度的热情和充沛的干劲建设共产主义，介绍苏联在经济、文化、科学技术等方面的伟大成就，以及苏中两国人民的友好团结和互助合作的情况等等。只要一翻开这个杂志，你就会被那丰富多彩的内容吸引住，并从那里面学习到许多有益的知识。

　　多少年来，我国人民就是从苏联人民伟大的革命和建设事业中，吸取力量和教益的。我国革命的胜利和在建设中取得的成就，是和苏联人民的支持和援助分不开的。所以，无论是过去、现在或者将来，我们都要努力地向苏联学习。这是我国读者欢迎和关心这个杂志的主要原因之一。另一方面，我们也认识到，中苏两国牢不可破的友谊，是世界和平的可靠保证。中苏两国人民有着传统的兄弟般的深厚友谊，我们十分珍贵这种建立在共同理想上的伟大友谊。正由于这样，我国读者对《苏中友好》杂志感到特别亲切。

　　苏联人民的每一个成就，都使我们感到高兴和得到鼓舞。苏共第二十一次代表大会所制定的七年计划，是建设共产主义的宏伟纲领，它标志着苏联进入了全面地展开共产主义建设的重要历史时期。今年出版的《苏中友好》杂志，用了很多篇幅说明七年计划是如何地深入人心。工人、农民、作家、科学家们都写文章表示他们要在自己的岗位上，全心全意地为实现七年计划而奋斗。苏联人民对未来充满信心，他们谈论共产主义，就像谈论明天的事情一样。共产主义，已经不能说还只是人类遥远的理想了。

读这个杂志，我们就像是跟着它到苏联各地去旅行。从波罗的海沿岸的巨大的火力发电站，到西伯利亚的重要工业建设基地——库兹巴斯，到处都在热火朝天地进行建设。看吧，过去修建一座高楼，需要十五个月到二十个月，现在只要六到八个月就完成了，超额完成计划的竞赛形成了热潮。过去人烟稀少、荒凉偏僻的边区，现在成了富饶的谷仓，出现了许多现代化的工业城市。

苏联在科学技术方面的成就，辉煌灿烂，震动世界。这在《苏中友好》杂志上也有通俗的介绍。这里，我们只举几个例子。今年第五期有文章介绍宇宙火箭是怎样飞上天的，还告诉我们苏联科学家发现月亮上有活火山的消息，说明月亮上不是没有生命。第六期的一篇文章，介绍了用化学药剂消灭杂草，而不影响农作物生长的办法。另外，还有不用人就可以开火车的自动机器，许多疑难病患有了新的治疗方法等等。从这些文章的介绍里，不仅可以看到苏联的强大和先进，而且可以得到现代的科学知识。所有这些，都会使我们感到兴奋和有趣。

《苏中友好》杂志从头到尾都贯穿着苏联人民对中国兄弟的关怀和热爱，到处都流露着对中国兄弟的无限希望和信赖。到过中国的苏联作家，在这个杂志上畅谈他们的印象、观感。今年第七期上，还有一篇文章报道了帮助我国建设长江大桥的苏联专家现在的工作和生活情况。读这些文章，我们就像收到了远方的好朋友和亲兄弟的来信一样，感到非常的亲切和愉快。所有这一切，在这里是介绍不完的。

最后，我们还不能不提到，《苏中友好》杂志每期都有彩色的画页和许多插图，所有文章都非常生动活泼。该刊还辟了"苏中友谊日益巩固""党的工作经验介绍""在苏联的新建设工地上""我们的朋友""书刊介绍""答读者问""问题谈论""科学技术新闻""短篇小说""童话""谚语""纪念日""集邮"等等专栏，真是五光十色，丰富多彩。无怪许多读者赞美：《苏中友好》杂志可真像一个彩色缤纷的大花园，是我们中苏友谊的一支灿烂的花朵。

以社会主义的思想教育子女
——介绍蔡特金《论青年教育》

【编者按】刊载于《读书》1960年第4期，署名应人。

"社会主义的父母在家庭范围内，为了教育自己的子女，应该作些什么？"

五十多年以前，1906年，国际社会主义妇女运动的领导者——蔡特金，在德国社会民主党曼海姆代表大会上所作的《社会民主党和国民教育》的报告，一开始就提出了这样一个问题。蔡特金所提出的意见和看法，就现在来说，对我们仍然有着重要的参考意义。

蔡特金的报告，和她1904年在不来梅第三次妇女代表会议上关于学校问题的演说，1908年在纽伦堡第五次妇女代表会议关于青年组织的演说合在一起，编成《论青年教育》一书，已经由三联书店翻译出版。这本书里谈到的国民学校、家庭教育、青年组织等问题，主要是针对当时德国情况来谈的，但是蔡特金所提出的一些基本观点，例如学校在人民生活中的重要意义、家庭在教育子女方面的作用、社会主义青年运动的崇高任务等等，即使在今天也还是值得重视的。这里只说前边已经提出来的，"社会主义的父母在家庭范围内，为了教育自己的子女，应该作些什么"这个问题谈起，简单地介绍一下这本书。

我们知道，敌人总是在拼命攻击我们破坏家庭。所以，要答复关于社会主义家庭教育的问题，必须首先回答："我们究竟认为历史是向着根本取消家庭的方向发展呢？还是认为历史发展只促使家庭形式改变，但同时也促使家庭的内容和实质革命化和提高，使它成为一种更加完善的社会制度呢？"事实上，在旧社会，资产阶级家庭夫妇之间、父母和子女之间的关系，正是越来越变为物（财产）的关系，家庭的外形虽然保持着，可是它的内容已经解体和毁坏了。在社会主义社会里，妇女得到解放，参加了生产劳动，夫妇之间在平等权利的基础上形成了新的关系，因而父母也就共同担负起教育子女的任务。

蔡特金指出：这种"应该是父母共同事业的家庭教育，同社会教育是不矛盾的，并且它还应该补充社会教育，使它更完善"。我们强调社会教育，因为教育的目的是使儿童从小就认识到他同集体的关系，怎样为集体服务。社会主义的父母应该根据他们的世界观，逐渐把社会主义的思想感情灌输给自己的子女。"在这一方面最重要的手段是生产劳动教育"，使儿童热爱劳动。父亲应该通过自己对劳动的态度，使幼小的子女认识到劳动没有高低贵贱之分，只有一种劳动，即社会所需要的、对社会有利的劳动。

特别值得注意的是，蔡特金还向我们提出，"不能把大家认为有价值的、大部分从教育和艺术的观点看来有成就的资产阶级的出版物，不加选择地介绍给我们的孩子"，而是要进一步的去寻求创作的方向，以社会主义思想教育我们的年轻一代。

当然，这本书是在五十年前针对当时德国反动统治和无产阶级斗争的形势和任务写的，但是，只要我们从历史的角度去读，一定可以从中汲取到许多有益的东西。

小提琴的构造与演奏

【编者按】刊载于《北平师大附中校友会会刊》1930 年第 12 期，署名霍如棠。

小提琴（Violin）是一种四弦琴，为现代西洋乐器中的女王。她的形状既玲珑，所发出来的音调，也非常奇妙悦耳，所以她在乐器中占有很重要的位。爱好音乐的人，十有七八是喜欢亲近她的。但是她的演奏法非常困难，最初步的练习，也不是在几个月以内所能学到的，因之有许多人裹足不前，以致这种乐器在中国目前很难得普遍。但是她的高贵的价值，依然存在。她的确是音中之圣品，乐中之女王。

小提琴的构造很简单，至于她的奏法非常烦难，绝不是单靠笔墨所能形容，初学者必须去从一个专门提琴师，敬谨受教。现在我将她的构造与奏法，简略的介绍给大家。

（一）小提琴的构造，没有钢琴（Piano）那样的复杂，也不像中国胡琴那样的简单，大概可分为十二部：

1. 面板（Belly） 为弧弓形的琴面，旁边有两个音孔，形似 f，故普通也叫 f 孔。用松柏木制，材料以较轻者为上。

2. 底板（Back） 构造与配合，一如面板，但无 f 孔。用枫木制，以坚实材料为上。

3. 围板（Ribs） 黏合面板与底板之侧面板，枫木制。

4. 琴颈（Neck） 连于琴体之顶，端为一狮头形之卷轴，叫做琴首（Head），枫木制。

5. 按音板（Fingerboard） 连于琴颈，琴弦拉于其上，用乌木或梨木制。

6. 系弦耳（Pegs） 用以松紧琴弦，也用乌木制。

7. 系弦板（Loop） 用以系弦，也用乌木制。

8. 琴桥（Bridge） 用以支弦，用竹或木制。

9. 引音柱（Sound-post）及衬板（Bass-bar） 为琴体之内部，引音柱支于面板底板之间；衬板则垫于琴桥下，用松柏制。

10. 琴弦（Strings） 四根皆用羊肠所制，名为 E，A，D，G，惟 G 弦外包以银系或铜系；但 E 弦因太细易断，所以通常练习时，多用钢丝代之。

11. 弓（Bow） 用乌木及 Pernambukholz 木制，顶部曰 Point，下部为 Nut，杆末以螺旋相连，用以松紧弓弦。

12. 弓弦（Hair） 为白马尾制，上擦以松香。

（二）小提琴的奏法，先以小提琴的底部，紧置颈肩，然后用左手的手指按之以定音，右手执弓拉之。可分四部来说明：

a. 身体的姿势——身体的姿势须竖直；虽有坐者究以站看为好；身体的重量，落于左足，右足前伸约半步。

b. 提琴的方法——以左手执琴置于左颈下，琴身稍向右斜，且与地面平行。琴颈紧夹于大指次指之间，其余四指按弦，手腕外曲近卷轴，肘则置琴身之下。

c. 持弓的方法——右手持了，靠近 Nut 间，大指在里，次指中指无名指于外自然弯曲，紧捏弓杆，小指轻支弓杆。

d. 发音与运弓——发音为演奏提琴最重要的一部，我们想评定提琴演奏的好坏，须先考究她所发出的音如何。手指不按弦，是本来的原音，倒没有什么关系，而手指按在弦上就发出种种不同的音来。同时因为手指的地位和压力，来定音的高低。（按弦时，手指宜曲，以指端按，否则发音不协）这叫做按法（Stopping）。按有七个位置（Positions），须跟着乐谱去运动。必须于所按的音位十分正确十分合宜，然后所发出来的音才生出谐和来，否则便成为一种似鸡叫的噪音了。所以按法须十分留意。此外还有关于音色的，就是由按法的花巧和运弓的灵活，能使生出极优秀的音色。

其次就是运弓，运弓的方法是提琴演奏的灵魂。持弓的臂应当强而有力，从肩上直到指尖，要曲伸自如。运弓的好坏多在"顿音"（Stacato）和"贯音"（Legato）上，在乐段中可以试验出来，若能奏得轻妙，清楚，坚实，便是好的运弓者。还有运弓时应当注意的，就是右肘不许抬高，上臂必须紧靠身旁，只使下臂运动。而腕（Wrist）的运动，也非常紧要，必须要有长时间的练习才能成功。

提琴所发的音花样最多。有所谓 Unaccented appoggiatura，Mordent，Turu，TrTel 等等；还有所谓"跳了"（Salteto）的，是以弓跳跃奏弦；有叫"指拨"（Pizzicato）的，是以右手指代弓拨弦发音；有叫"减音器利用"（Use of mute）的，是用一种三义形的东西，箍在琴桥上，以减轻音之震动的。

以上是关于提琴发音及运弓的方法，大概如此。至于实地去作，非常艰难，我们要想成一个提琴家（Violinist），据有经验的提琴教师说来，须自孩童时期学起，且须二十年的苦功。骤听之似觉可怕，但是对她要有十分爱慕的人，二十年的苦功，也不算一回事。我想她对于我们心神上的安慰，较其他各种艺术，要深切的多！爱好提琴的同志们，爱好音乐的朋友们，艰难决不会挡住我们的爱潮，努力去干，以达到我们最后的目的。

漫谈舞蹈的新型式

【编者按】刊载于《世界月刊》1947年第2卷第4期，署名亚克。

最近"育才"在"兰心"演出的"舞蹈音乐会"给了所有观众们极大的兴奋，并获得了一个清新的认识。笔者们由于对舞蹈的偏爱，写下一点普通的感想，因为笔者认为这种新型的舞蹈不仅成就了一个新的型式，而且已经走上了活跃而又健康的正确的道路。

整个演出的舞蹈和舞剧，虽每个节目都具有其基本的主题底含义，而在型式上，则各以编舞者个人底修养造诣与认识上的深浅而表现出不同的作风。大体上说来，一部分舞蹈和舞剧都充满了乡土的气息，如"农作舞""猴戏""塞外恋歌"与"中华民族万岁"等粗旷，兴奋，简朴，单纯，刚硬而处处爆发着力量。在另一部的舞蹈和舞剧里则充满了舞台的气息。如"火苗""恩赐""乞儿"等细腻，含蓄，沉着，柔和而又处处孕育着深远的味道。（至于"藏人舞曲""青春舞曲""嘉戎酒会"则因采自边疆舞，纯粹地保留了当地的风格，改变不多，自当别论。）

在前一部，最成功的当属"农作舞"。它抓住了我们这老大农国的生活的灵魂，而填入了新的生机的力量。尤其是它的节奏紧张，音律兴奋，那锄土、插秧、除草、收割、打稻、春米及收货时的欢乐，挑起了火样的热烈的气氛，而疯狂了整个的观众，虽然他们是属于都市的，好像也抓住了新的生机。

在后一部，最成功的当属"乞儿"，一开幕观众便为那光与景与造出来的气氛所压倒，而沉浸于"在垃圾箱上过夜的流浪儿，严冬的清晨，饥寒交迫，由于社会间已经没有人，没有理会他们的人，因为他们无辜地、默默地被饥饿与死亡吞噬了"的景象中。在这样一个残酷的故事里，那凄冷的场面，捶心的鼓点，饥肠的辘辘的节奏，无助的舞姿与奈何天的神情汇合起来深刺着观众们底心，拉出观众们底泪，把眼前的、就在都市里每天遇到的现实的惨状都给掘出来了，同时也掘出人性中另一部潜隐着的善良的人性，并在每个人底心头刻印上一个问号——为什么？怎么办？

统观全部演出失败的地方，在于多半的舞蹈都训练得不成熟。演员的基本训练不够水准，竟失去了格律的美及音乐与舞蹈的和谐，使观众感到美中不足。

以"火苗"为例，这是一个有正确的主题与完美的舞谱设计的佳构，只为了演员与效果排演得不熟练，因而在舞台上显得松弛而无力，那满台的火焰的形象无法使观众领会，那么观众当然不能对它所象征的意义有所收获。

尤其是"塞外恋歌"，编剧的主题已显太弱，素材也贫乏，而流于肤浅。演出又因大部分演员舞蹈基本的条件不够而呈可怜状，再加上非驴非马的说白，实无使观众欣赏之处。这个不成熟的节目是理应剔除的。

有许多"育才"的老观众说，这次演出的成绩较以前所演出的水准降低了，也许现实的困难阻碍了"育才"的进步，但以往的水准是一定要保持的。因为"育才"所肩负的使命是不容许他退化的。

第三辑

战时乌克兰诗抄

【编者按】刊载于重庆《文学》1945年革新特大号，署名霍应人。三首诗的作者按顺序分别为密科拉·巴然、玛克沁·雷尔斯基和弗拉季米尔·索秀拉。

誓约

我们有共同的誓约和志愿
全民的斗争把我们团结在一起。
噢，不，乌克兰永远，永远
不会做德国人的奴隶。
我们要用钢炮和马枪弹
来回答敌人的暴戾。
噢，不，乌克兰永远，永远
不会做德国人的奴隶。
苏联各族的人民像弟兄们一般
以英勇民兵的姿态去进行攻击。
噢，不，乌克兰永远，永远
不会做德国人的奴隶。
毁灭吞没着敌人像一片泥潭，
他任何地方都不能举步前去。

噢，不，乌克兰永远，永远
不会做德国人的奴隶。
卐字的毒蛇伸着脖子漫窜，
我们神圣的愤怒要把它击毙。
噢，不，乌克兰永远，永远
不会做德国人的奴隶。

寄语乌克兰

我曾骑坐过的那棵树儿，
能不能等待到春天？
我是否注定了
能跟那好心的人们相见？
我还能听到吗？那喳喳的解冻声
在我那生气勃勃的田间。

穿过高山和密林
向那块土地飞去吧，你，我的歌声。
我曾在那儿学习飞行，
并不害怕黄昏，
在深灰色的机翼上借着星光
寻觅路程。

向那些茅屋飞去吧，那儿有我的兄弟，
那儿有我的朋友和姐妹，
那儿有凶猛的敌人，

那儿有烧毁屋宇的残迹和臭味——
再像鸠鸟儿一般
飞落着德尼普河上。

就说，——我跟弟兄们已经习惯
不管是在幸福中还是遇上灾难，
宁愿把我的舌头割去，
也不为异族的暴徒服役，
就教鲜血涂满了面庞
那水一般清亮的面庞。

就说，——真理已经带来了
一把两刃的宝剑，
要对那胡作非为的人
加以腰斩。
他竟敢像蝗虫一般
钻进了我们的家园。

已经是太阳出来的时候
由山后发出一片红光，
明亮的光芒
又普照着祖国的胸膛，
我曾骑坐过的那棵树儿
我曾在里面坑过的化园，
将又一一陈现在眼前。

我们要胜利的

我们要胜利的。冬天的白雪
向我们赞扬，
暖风吹动着
欢喜若狂。

我们要胜利的。在昏夜
星星向我们赞扬，
它们诅咒全世界
刽子手们的灯光。

在蔚蓝的天空
太阳也向我们赞扬。
胜利将降临在
那真理和自由的地方。

古乔治亚民谣两首

【编者按】刊载于重庆《文学月报》1941 年第 2 卷第 6 期，署名亚克。

农夫底歌

我把谷子倾倒在地窖里，
为的要把谷子保管。
我把谷子拿出来不要得谁的允许，
为的要把谷子晾干。

鸟儿成群地飞旋，
为的要偷吃谷粒。
我拿了根棍子——把鸟儿驱赶，
为的要给鸟儿以惩戒。

鸟儿飞到城里，
为的要向王爷去报告。
家仆骑着马来，
为的要替鸟儿报仇。

我送走了红色的公牛，
为的要使王爷高兴。
我取出了红色的美酒，
为的要使王爷痛饮。

牵去了黑色的牝牛，
牵去了白色的雄马，
一瞬间王爷把我所有
一切都拿起走啦。

勇敢的武士

狼，鹰和勇敢的武士，——
不要把他们据为己有！
狼永远不会成为羔羊，
年青的鹰不会是雏鸡，
勇敢的武士也不是小孩子。
狼安闲地振了振身子，
沿着山在跑来跑去。
崖上的鹰醒转来，
在山谷上面飞翔着，——
抓到了掠获物！
只听得鹰的叫声：
肉块并没有卡住咽喉。

如果是真正勇敢的武士，——

让冰冷的铠甲

一下子披上他的肩头，

他让自己的听觉在临阵之前

不听从女人的说话；

如果他要够得上光荣，——

让他由马上掉下来，

让他因受伤而丧失性命，

让他的老婆哭着说：

"我的武士遗忘了我啦！"

而逃兵却同着老婆——懒在床上：

枪弹不会碰着没出息的家伙。

勇敢的武士热望着战斗

以保卫自己的国土。

没出息的人同老婆一样呆着

亲吻着自己的老婆。

没出息的人在亲望着老婆底奶头：

瘪了呢还是没有？

而武士——却在察看着匕首：

钝了呢还是没有？

苏联新共和国诗选辑

【编者按】刊载于重庆《文学月报》1940 年第 2 卷第 5 期，署名亚克。四首诗的作者按顺序分别为刘达斯·季拉、玛丽亚·温捷克、爱尔玛尼斯和扬·爱塞琳希。

我的祖国 ①

在立陶宛我的故乡
有着贫穷的一面，
它拖着不堪忍受的悲苦压迫
过了一天又一天。

昏睡的涅曼河在昏睡的草间
并没有掀起——那低沉了的
农夫们的声音和他们的呻吟——
他们痛苦的呻吟是比波涛还更寂静……

为了厌倦的劳动
天不亮就得起身，

---

① 译自刘达斯·季拉叙事诗《旧的立陶宛》。

虽然这样勤勉努力——
困难还是抓着你不肯放松！

你既没有种子，也没有草地！
去开垦那不结果实的荒土吧，
把紧了犁柄
渴念着更好的日子。

农民在等候着，低声叹息着。
——幸福可会由天而降！——
只有风在窘迫着树叶子，
在森林里，在田野上。

白天晚上都在窘迫着，窘迫着，
并不可怜着它们，
在静默的涅曼河里沉溺着，
泥沙却在欢欣着。

吹折了菩提树和枫树，
狂风闭起了暗蓝色的翅膀，
又摧毁了绿油油的樫木，
它们好容易才长成了那样！

风在洁净的田野上吹着口哨，
它是幸福的，因为农夫
离开了命运，离开了光明的命运，

也远远地离开了自由。

光荣的时代已终了，——
老年人告诉我们，——
在现在的沙滩上
曾经生长过密林。

那时的森林已经绝迹，
只有稀疏地——在山丘上，
在天边路旁——
长着些黄褐色的松树。

它们无权再发绿色。
现在它们又怎样？
凋然地，它们没有留着后代，
就走进了昏沉黑暗。

年幼的小妹妹
寂寞寡欢一个人，
工作时引吭高歌，
在歌声中她回忆着它们。

在别人的可爱的土地上，
她，一年又一年，
在平原上割着草，
徒劳地等待着友人。

只有那村外的坟墓
在梦中呼唤着过去，
只有在往昔秘密底高歌里
过去的日子还活着。

在立陶宛我的故乡
有着贫穷的一面，
它拖着不堪忍受的悲苦压迫
过了一天又一天……

母亲底歌

你是我的纯金，你是我可爱的小生命。
你的小脸儿明亮地放着光，微笑挂在嘴唇上。
你那双乌黑的小眼睛，用着天鹅绒的色泽
温暖了我的灵魂，愉快地燃烧着我的心。

我是多么爱你呀，我优美的黄金的火焰，
两片红而亮的嘴唇，黑炭般天鹅绒似的眼睛，
黄金色的柔发，两只小手，一双小脚，
是观醒了的微小心灵底光明。

我承认这是多么好，现在还很有气力
能赶走你那可笑的苦恼，
揩干眼泪，用快乐和抚爱来装饰
你那和平的黎明，我的亲爱的小宝宝……

黄金般平安的日子很快就要消逝，
在经常失眠的夜里母亲保留着夜的愉快。
你的小手和小脚很快就要长大起来，
小心儿就要开始勇敢地跳动，眼里也要闪着严肃的光彩。

那时候你的忧虑和悲伤也要长大起来。
母亲和女儿在生活中原是二位一体的。
你要遇到激怒的暴雨和狂风
突然的苦痛会充满你年幼的心胸。

你自己将要穿过苦难底恶劣天气。
你的小心儿会变成大而强硬的心胸……。
生活不回避给你很多回答的。
我知道，我那时无能力帮助我可怜的女儿：
因为我自己还需要——询问，思考，和探寻。

相遇

你由井里打出水来，——
沉重的桶和一阵清凉。
多么鲜艳美好的素馨花
插在你的胸上。

我注视着，望着——风好呵，
在这个世界上你们三个相遇在一起啦：
我的爱。水。还有那水上面的，

与你那白澈胸脯媲美的，
清香扑鼻的素馨花。

蛇麻草

执拗着。号着。头也在眩晕着。
停下来，又向前奔走。
心慌意乱，只挂念着
亲爱的朋友……。

唉，我是多么困难。山丘。黎明。
太阳出来了，可是亲爱的人儿不在眼前。
我向远处望去，我害怕那辽远的地方；
在天边远处也找不到我的意中人。

他在哪里？他怎样了？死在沙场上？
还是葬身于汹汹的海浪？
我——像一株蛇麻草。我简直完了；
没有依靠我是活不下去了。

死公主和七武士的故事

【编者按】刊载于《中苏文化》1949 年第 20 卷第 6 期，署名亚克。原作者为普希金。

国王跟皇后告别了，
他就动身出发了，
皇后独自坐在窗前，
等着他回来团圆。
等呵，等呵，由清晨等到深夜，
她盯看着田野，
甚至两眼望得发痛，
从蒙蒙亮直到夜深，
还是看不到那亲爱的人！
只看见大雪纷纷，
雪花盖满田野，
大地通白无界。
过了整整的九个月，
她的眼睛没有离开那田野。
就在圣诞节前夕的夜里，
上帝给皇后送来一位千金。
大清早，所盼望的客人，
日夜长久等候的人，

终于由远方
回来了这位父王。
她向他望了一眼，
呼吸顿感困难，
来不及欢喜，
就在午祷前死去。

国王长久地悲苦难过，
有什么办法呢？是他自己的罪过。
一年过了，像一场空梦，
到第二年，国王又结了婚。
说真的，一位年轻姑娘
正式做了皇后填房：
她细挑，匀称，白腻，
又聪明又讨人欢喜；
但她却傲慢，自大，
任性又善于妒嫉。
给她陪嫁的东西
是一面小小的镜子；
这镜子有个特点：
它会说能言。
同它单独在一起，
她就善良，快乐，
同它亲切地嬉戏，
娇柔地对它说：
"小镜子，好乖！告诉我，

实实在在说真的：
我是不是比世上所有的人更讨人欢喜，
比所有的人更红润又更白腻？"
小镜子回答她说：
"你，当然，没有问题；
你，皇后呵！比所有的人更讨人欢喜，
比所有的人更红润又更白腻。"
皇后乐得哈哈大笑，
耸耸两肩，
眯眯着眼睛，
捏着指头儿发响，
叉着腰儿左右晃，
瞅着镜子十分傲慢。

但是年轻的公主，
慢慢地发育成长，
这期间，长呵，长呵，
长成一位如花似玉的姑娘。
白脸蛋儿，黑眉毛，
性格也正像外表。
求婚者向她赶来，
那是王子叶里塞。
媒人来了，国王说，
陪嫁已经准备妥：
七座贸易的城市，
还有一百四十所房子。

准备着出嫁前夕的欢宴，

皇后面对着自己的镜子，

正在更衣打扮，

她对镜子发言：

"告诉我，我是不是比所有的人更讨人欢喜，

比所有的人更红润又更白腻？"

小镜子怎么回答她呢？

"你很美丽，没有问题；

但公主比所有的人更讨人欢喜，

比所有的人更红润又更白腻。"

皇后突然跳起来，

把纤手一摆，

敲打着镜子，

用脚跟踩着地……

"哎呀你，可恶的玻璃！

你简直是放屁。

她怎么同我竞争？

我会使她那糊涂想法平静。

她是个什么小东西！

那白腻并不稀奇：

她母亲怀她时坐在那里，

成大地望着雪地！

但你说吧：她怎么会

在各方面比我更讨人欢喜？

你得承认：我比所有人都美丽。

你走遍我们全国，

即是全世界吧；也没有人能比上我。

不是吗？"小镜子回答说：

"而公主还是更讨人欢喜，

还是更红润又更白腻。"

没有办法了。她的心

充满了恶意的憎恨，

她把镜子丢在凳下

唤来契尔娜夫卡，

命令她，

自己的女仆，

把公主引至森林的深处，

绑起她

活活地丢在松树下

教狼来吃她。

对于激怒的女人鬼都没有办法。

不容争辩。契尔娜夫卡

带着公主

引到森林的最深处，

公主猜透这意思，

直吓得要死，

恳求说："哎哟！

告诉我，我有什么罪过？

好姐姐，不要致我于死地！

假如我将来登了基，

我决忘不了你。"

这女仆，心里很爱她，

没有害她，没有绑她，
放了她并且说：
"别难过，上帝保佑你。"
她独自一人回家去。
皇后问她："怎么样？
在哪儿呢，那位漂亮的姑娘？"
她回答说：
"在那边森林里，孤零零地呆着呢。
我把她的双臂紧紧捆起；
她会被野兽吞噬的，
她受不了多久，
很快就会死去。"

流言传开了：
国王的女儿失踪了！
可怜的国王为她而悲伤。
叶里塞王子，
一面虔诚地问卜求神，
一面立刻动身
去找那个灵魂般的美女，
去找他的年轻的未婚妻。

但那年轻的未婚妻，
整夜地在林中走来走去，
她走呵，走呵，
发现了一所小房子。

有一只公狗，吠着朝她奔来，
停止了吠声，跟她玩耍起来，
她走进了大门。
院子里很安静。
狗儿跟着她非常亲昵，
公主提起长衣，
踏上阶坛，
手拉着门环；
房门静静地打开，
公主处身在
一间明朗的厅堂；
四周摆着条凳，上敷毛毡，
圣像下面摆着一张柽木桌，
屋内还有火炉带土坑。
这姑娘看到，这儿是
善良人居住的地方；
知道这里不会有人欺负她了。
可是她谁也没有看到。
公主把屋子看了一遭，
把一切都整顿好，
点起了敬神的蜡烛，
热乎乎地生起火炉，
往床上一爬，
轻轻地躺下。
将近吃饭的时辰，
院子里响起了脚步声：

进来七位勇士

——七位红润的长胡子的人。

年长的一位说道："多奇怪呀！

一切这样干净和齐整。

是谁替我们收拾了屋子

在这里等候着主人。

谁呀？请来见见面，

跟我们亲近一番：

假如你是个老头子，

我们将叫你伯伯。

假如你是个小伙子，

我们将称你兄弟。

假如你是个老太太，

就做我们的母亲。

我们将这样对你崇敬。

假如你是个年轻的少女，

就做我们可爱的妹妹。"

公主向他们走近，

对主人表示崇敬，

深深地一鞠躬，

请求饶恕，脸儿羞得通红，

前来他们这儿作客，

并未受到邀请。

一瞬间，他们由谈话中得悉详情，

对公主招待得十分殷勤；

大家都坐下来，

肉包子端了来，
给她斟满了一小盅酒，
他们则用盆子来饮。
她谢绝了
那碧绿的酒；
只把肉包子剥开
吃了一小口，
路上走累了
她请求上床去休息。
他们引公主
到楼上一间明朗的房间，
把她一个人留下
让她安静地睡眠。

一天一天飞快地过去，
而年轻的公主
在林中七武士家里
并不感到孤寂。
天亮以前
兄弟们成群地
出去散步，
有时打打野鸭，
有时挥剑砍杀，
有时去堵塞鞑靼人的
带有宽檐的塔，
或者由林中驱赶着

五山之马。
而她主妇一般地
这时候一个人在家里
收拾并准备一切。
她不阻拦他们，
他们对她也随便。
这样子过了一天又一天。

兄弟们都爱上了这位可爱的姑娘。
又一次天刚刚亮
他们七个人一块儿，
走进了她的住房。
年长的一位对她说："姑娘呵，
你知道：你是我们大家的妹妹。
我们全体七个人，
我们大家都对你钟情，
我们都想娶你做妻子，
但这却不可能，
请你这样来和解我们的事情：
你嫁给我们之中的一个人，
其他的对你还是兄妹之情。
为什么摇头呢？
难道你拒绝我们？
难道我们对你不配称？"
"哦咿，各位正直的英雄，
你们是我亲爱的长兄，——"

公主对他们说：
"假如我撒谎，
上帝不会让我活着离开这地方。
我怎么办呢？我怕已经许了人。
对于我你们大家都平等，
你们都勇敢，你们都聪明，
我是衷心地喜爱你们；
但我却终身许给别人。
王子叶里塞
对于我比所有的人更可爱。"

兄弟们默默无言地站在那里，
大家无可奈何地搔着颈子。
"问一声并非罪过。请你原谅，——"
年长的武士赔礼说：
"假如是这样，这事就别再谈。"
"我不介意，——"
她安闲地说：
"我的拒绝也没有错。"
求婚人向她行了礼，
悄悄地退了出去，
大家伙儿又开始了
平常的生活。

这时候恶毒的皇后，
忽然想起了公主，

不能把她放过，
她许久许久的日子
痛恨她的镜子；
最后还是想起它来，
走近她，并坐在它面前
忘记了自己的愤懑，
她又重新夸耀，
微笑地说道：
"你好呵，小镜子！告诉我，
请你实实在在说真的：
我是不是比世上所有的人更讨人欢喜，
比所有的人更红润又更白腻？"
镜子回答她说：
"你很美丽，没有问题；
但有一人怀抱屈辱
住在森林的深处，
她住在七位武士的家里
比起你来更美丽。"
皇后扑向
契尔娜夫卡说："你竟敢
欺骗我？到底事情怎么样？……"
她承认了一切，如此这般。
恶毒的皇后
用棒子威胁她，
或者去杀死公主，
或者她别想再活。

年轻的公主有一天，
纺着纱，坐在窗前，
等候着亲爱的弟兄们回家。
忽然在台阶下
狗儿狂吠起来，
这姑娘看见：一个
褴褛的尼姑向院子里走来，
一边用棍子把狗儿赶开。
"请站住，等一等，老婆婆！"
——她从窗户里向她喊着：
"让我来喝住狗儿，
再给你拿点吃食儿。"
尼姑对她说：
"哎呀，你这姑娘真可爱！
这可恶的狗儿太厉害，
差点把我咬坏。
你瞧，它多凶猛！
直向着我扑来。"
公主想出去看她，取了块面包，
但刚一走下台阶，
狗儿窜到她脚下——嗷嗷狂吠着，
不放她走向老太婆；
那老太婆刚走近公主；
它，像扑林中的野兽，向老太婆扑来。
这事也正奇怪！
"大概它发疯了，——"

公主对她说：

"喏，接着吧！"——面包飞了过去。

老尼姑接住了面包；

"谢谢您！"她说：

"上帝保佑你！现在我报答你，接着！"

一只熟透的，

鲜嫩的，金色的苹果

迎面飞向公主……

狗儿高跳着，嗥叫着……

但公主用双手接住了苹果。

"请你吃这只苹果，

吃了你不会寂寞。

多谢你给我的面包。"——

老太婆说完这话，

行过礼就走了。

公主留在台阶上，

狗儿跑去又跑转，

遗憾地盯着公主，

好像它的心在痛楚，

好像要对她说：

"——掷掉它吧！"

她则用纤细的手抚摸它；

"索柯尔啊，你是怎么回事呀？

卧下吧！"——说着她走进房去，

轻轻地掩上门，

坐在窗下纺机旁

等候着主人，
而眼睛直瞪着苹果，
它是只熟透而多汁的苹果，
那样的新鲜，那样的芬芳，
那样的红嫩，那样的金黄，
好像里面灌满了蜜浆！
果中的籽儿也能看得见，
她想等到饭前，
可是忍不住了，
双手拿起苹果，
举在红嘴唇边，
轻轻地咬一口，
咽下一小片……
忽然地，我的天，
停止了呼吸向旁一偏，
两眼上翻，
她好似偶像一般
头倒在凳上
静静的再也不能动弹……

这时候兄弟们
从英勇的战场上
群拥着走回家来。
狗儿高声吠着，跑到院里
迎接他们，向他们指着路。
兄弟们说："不好了！

什么可悲的事情发生了。"

飞快跑来，

走进房里一看，大家一声悲叹。

狗儿跟进来，

奔向苹果

狂吠着，仇视着，

把它吞下肚去，

立刻倒地身死。

这是一只浸了毒的果子。

兄弟们站在死公主的身旁，

陷入了无比的悲伤，

大家都低着头

至诚地祈祷着，

从凳上把她抬起来，装殓了，

想要把她埋葬，

却又细加考量。

她像睡着一般，

那样安静，清新地躺着，

好像刚刚停止了呼吸。

他们等了她三天，

但她没有醒转。

举行过哀悼的仪式，

他们把年轻公主的尸体，

装入水晶棺里，

大家伙儿

把它抬到荒山去，

在夜半的时光
他们把她的棺材
用铁链小心翼翼地
拴在六根柱子上,
并围起了栏杆;
在死去的妹妹灵前
行过叩头礼,
年长的一位说:"躺在棺材里安息吧;
从此大地上消失了你的美丽,
你做了我们之间的牺牲;
老天会接待你的灵魂,
我们都爱你,
你却为你亲爱的人守身如玉,
现在谁也没有得到你,
得到的只是棺材一具。"

就在这一天恶毒的皇后,
等候着好消息,
偷偷地取出了镜子
吐出自己的问题:
"告诉我,我是不是比所有的人更讨人欢喜,
比所有的人更红润又更白腻?"
得到的回答是这样的:
"你,皇后,没有问题,
你比世上所有的人更讨人欢喜,
比所有的人更红润又白腻。"

叶里塞王子

周游各地在寻找自己的未婚妻。

没有，到处都没有！他痛苦地哭泣，

他随便向谁问起，

谁都觉得他提出了难题；

有的人当面嘲笑他，

有的人尽快回避他；

最后，这位青年

只得向红太阳求援。

"我们的光明小太阳！

你周年在天上行转，

你能调和温暖的春季和冬天，

我们在你光照之下的人都能看得见。

有一个问题你能不能回答我？

你可曾在什么地方见过

一位年轻的公主？

我就是她的未婚夫。"

红太阳答道："我的小兄弟，

我没有看见过公主。

我知道，她已不在人世。

也许我的邻人，那月亮，

什么地方遇见过她，

或者发现过她的踪迹。"

叶里塞在昏黑的夜里

悲哀地等着。

刚刚月亮一露面，
他就祈祷驱上前。
"月亮，月亮，我的小朋友！
镀金的小角儿！
你在无边的黑暗中升起，
脸儿圆圆的，眼儿亮亮的，
大家都爱你，
星星守护着你，
有一个问题你能不能回答我？
你可曾在什么地方见过
一位年轻的公主？
我就是她的未婚夫。"
明亮的月亮回答说："我的小兄弟，
我不曾看见过那位年轻的少女。
只在我轮班的时候，
我才站在我的岗位。
大概当我不在的时候，
她跑掉了。"——"真倒楣！"——
王子应声道。
明亮的月亮继续说：
"等一等。或许，风儿
知道她。它会帮助你。
你现在快去找它，
别悲伤了，再见吧。"

叶里塞并不气馁懊恼

迎着风儿喊道：

"风儿，风儿！你是个大力士，

你赶走了乌云，

你掀起了海浪，

到处你自由地吹着，

除了上帝一人之外，

你是谁也不怕的。

有一个问题你能不能回答我？

你可曾在什么地方看见过

一位年轻的公主？

我就是她的未婚夫。"

风儿呼呼地回答说："不要急，

在那边静静的小河后面，

有一座高山，

山里有一个深邃的洞穴；

在那个洞穴里，在悲哀的昏暗中，

在六根柱子之间，用铁链悬着一个水晶棺。

在那块荒地

四周没有人迹，

你的未婚妻就躺在那个棺材里。"

风儿远远地吹着走了。

王子大声哭起来了。

他走向那座荒山，

还想看他那美丽的未婚妻

最后一眼。

他走着，忽然在他面前
出现了一座险阻的高山；
山的周围是空旷一片；
山下有一条黑暗的入口，
他赶紧就往那里走。
在悲哀的昏暗中
他面对着一只水晶棺，
在那水晶棺里，
公主长眠不醒。
他用全力敲打
亲爱的未婚妻的棺材，
棺材碎了，
姑娘忽然活了，
用吃惊的目光四面一看，
在铁链上摇晃着，
深深地吸了一口气，说：
"我怎么睡了这么久呵！"
她从棺里刚一站出……
哎呀一声，两人抱头痛哭，
他把她抱在手上，
由昏暗中走出外面，
愉快地谈笑着，
取路转回家园。
流言传开了：
国王的女儿还活在人间！

这时候恶毒的继母

没事在家里

坐在自己的镜子前

跟它聊天，

说："我是不是比所有的人更讨人欢喜，

比所有的人更红润又更白腻？"

听见的回答是这样的：

"你很漂亮，没有问题，

但是公主更美丽，

更红润又更白腻。"

凶恶的继母，跳起来，

把镜子在地板上摔个粉碎，

一直向门奔去，

迎面正遇上公主。

这时候那皇后呵

羞忿交迫一气呜呼。

人们刚刚把她埋葬，

摆开了结婚的喜宴，

叶里塞王子和自己的未婚妻

双双结成亲，欢天又喜地。

从开天辟地起，

没有人看见过这样的宴席；

婚礼我也参加了，甜蜜的美酒也喝了，

连胡子都浸湿了。

天下第一美男子明江盗窃土耳其可汗底
万匹斑黄去势马群之歌

【编者按】载于《文艺阵地》1942 年第 6 卷第 6 期，署名亚克。

话说：在永远的黎明时候，

在丰富的黑色乳酒底喧闹的日子里，

在大宴会中兴高采烈的时候，

忽然由族长，光荣的江加尔底眼里

流出了两滴宝贵的泪珠，

丝绸的袖子拢动着，

由右到左，由左到右，

擦去了悲戚泪珠底溪流。

就像害怕蛮加斯①一般，

江加尔底武士们踌躇着面面相观。

这时候，勇士和预言家，

右排人群底首领策基就开始发言：

——我的亲爱的宏戈尔！你说吧，

在困难的行军里你没有给诺云②以战马？

---

① 蛮加斯：多头的怪物。——译者注
② 诺云：在爷，江加尔底称号。——译者注

在战斗中——你没有给他披上盔甲？
你问一问幸福种族底君王，
你就会晓得诺云为什么悲伤。
宏戈尔说：——如果，坐在右排的人，
你们不去向江加尔寻问，
那我，坐在左排的，又怎能去问？……
——但是为回答老人的话
那位正在装饰宴席的善辩家吉尔干就说啦，
他是一个善辩的武士。没有人
在口才上能对他取胜：
——请你们诸位允许我，
我来问问，为什么波格多^①不快活！

他的牙齿在大家面前闪着光。
他的心形的红色嘴唇
微妙地伸成了平纽状。
武士们同意了他的愿望。

他把自己的酒杯饮干了三次，——
四十个战士都举不起这个杯子，——
又把秀丽的前额垂了三下，
在柔毛的地上跪下，
两手分开，善辩家就开始说话：

---

① 波格多或波格多汗，即神圣的可汗，江加尔的称号。——译者注

173

——您现在不是为那而哀哭，
就是您的爱马——赤骝马阿兰萨尔——
对您已不够快步？
您现在不是为那而悲戚，
就是您的斑黄色的金矛
对您已不够锋利？
或者，您隐藏起自己的悲哀
是因为十六岁的夫人
对您还不够可爱？
您不是为那而不快，诺云啊，
就是七十族底国家——
那老远四散的七十个国家，——
现在对您不够伟大？

尊贵的诺云向四周瞧了一瞧，
用玄黄的手绢把眼泪揩掉，
深深地叹了一口气，对自己的英雄们说道：
——你们曾那样高声地赞扬我的名威，
在我们的边境以外，远远地
它扩张了自己的光辉。
而有人却在企图对我攻击，
他硬说自己的权力无边无际，
在西方的某地……已经第三年了
傲慢的土耳其苏丹早已准备着了，
要用自己的狂暴的去势马群
来进行这次，战争。

据说：对于马匹——是那样的看护着：

马唇和马蹄连水都不认得，

因脏水会使活泼的马匹衰弱。

经过四年——它们又壮又刚强，

马蹄都会变成钢！

马底尾巴，柔软的鬃毛——那时也会变成翅膀！

这对我们，对崩巴 ① 底子孙实在是忧伤。

上十次有成千的白色勇士

骑着快马，飞跑到这里来

袭击我们，要我们服从他们的权威……

如果要能把那些去势的马匹偷来，——

我们就永远免除了祸灾。——

王爷底话说完了。右排的首领，

千里眼策基说了这样的话：

——要预先晓得自己的敌人，

或者您告诉我们那个人，

他能够偷来那些去势的马群？——

——我有，——族长说，——

这六千零十二位勇敢的英雄，

你们在他们中间是以骁勇闻名，

你们是心一般宝贵的十二只狮子

---

① 崩巴：长生不死的国家底名称，在那里住着史诗底英雄们。——译者注

遍身布满了伤痕。

你们曾到处，在地面上的任何角落斗争，

甚至还穿越过地狱之境。

明江，你是这不朽的家庭里的光荣的人员，

我们的天下第一美男子——是明江，

勇敢善战的武士——也是明江！

骑在金色马上，像山一般，

明江，你能越过草原的风有两个萨仁 ①

而追越思想——也有一萨仁还！

我的英雄呵，请你立刻准备出征。

你去偷那些去势的良马

给我们取来土耳其可汗底马群。——

明江哭着喊道：——伟大的诺云！

你待我太不公平。

我也曾做过可汗，有一小块土地

也曾归我领管——那是许多万人的采邑。

我曾管辖着一座高山叫做"明"，

到如今我还光荣地用着那山底名称。

不是您要跟我起争端，

给我恶意的辱骂难堪，

一直继续了四个礼拜

您也不能够接近我的城垣？

---

① 萨仁：俄尺，约二米强。——译者注

不是您那时就调回

您那比草还密的军队？

虽然您走开了，我的君王，

并没有使我受害遭殃，——

我远远地望着您的后背，我即时决定，

在日月之下，众生之上，

您应为王。

我放弃了自己的土地，

可汗底王位——那许多万人的采邑，

就连我从小管辖的高山也都放弃。

我从前曾是温柔女儿的父亲，

我曾是美丽王后底幸福的良人，——

江加尔，我为到您这里来而离弃了她们，

自己却选了这个一群虎豹底家庭。

我曾把自己贵重的马给您带来。

我也爱您，君王，敬意的款待，

您还赠我以歌唱组长的官位！

在艰苦的战争里我曾是您的护卫，

从前我的情爱对您是多么高贵。

为什么现在你要派我一个人，

江加尔，去迎击那样的敌人？

我在这月光之下没有亲人，

强敌一定会要我性命。

呀！我既没有姐妹，也没有弟兄！

天神夺去了我的妹妹，

有谁再用滚热的饭食把我饲喂？
妈妈并没有生了兄弟，
有谁来把我和我的事业回忆？

明江讲着，满腔的悲痛……
——我们在现世生活中——是弟兄，
当我们要同你一齐进入美丽的天国，——
我们的灵魂是一块儿走进……
亲爱的明江，静心地去艰苦战斗吧。
在金桥之旁，在大草原道上，
我将迎接你骑着自己的灰色大马。——
狂暴的宏戈尔这样劝他。

萨戈尔喊道：——我愿为你而去死。
我们在现世生活中是弟兄；当我们走进
最美丽的王国，我们的灵魂也在一起！
我发誓，发个真诚的誓言：
亲爱的明江！在那银桥之旁
我骑着自己的褐色大马迎接你。——

歌唱组长听了勇士们底话
斟满了酒杯，据说，那杯子，
七十个强壮的战士也举它不起，
他一口气喝干了它七十次……
狂暴地对自己的把兄弟们喊道：
——我若把自己勇士底热血倾洒，——

土地一下子就会变肥。
我的尸骨将要爆干在他乡——
它多半要化成灰……
喂，看马的，给我的马备上鞍子。

在江加尔勇士底群马中间，
在芬芳的草里，在清冷的水边。
索洛夫马在奔跑。马夫抓住它
在辉煌的宫门口给它备上鞍，
听完了勇士们底希望，
这希望好比那怒放的莲花香气芬芳，
光荣的明江跳上马飞奔前往。

骑士快乐地旋风一般的飞，
马沿着坟头跳着把土地都踏软。
尾巴高高翘起，它在飞尘中跳去，
就好像它在用四只马蹄，
撒着纷乱的土粒。
炎热的长天似蒸笼，
太阳把砂砾都烧红，——
马在热砂中不倦地飞奔。
骑士艰难地握着缰绳。
他坐在鞍后把缰绳拉紧，
这样马衔自会弯曲，——
这也毫不中用：虽把钢的颈子扭弯，
更把牢固的辔头勒紧，

马又把革缰挣松，

这样一天就走了几月的路程。

骑马人没法使马安静，

就对它说：——跑慢一点，

我的金色马，我们的路程又长又远！

留点儿气力吧，把脚步放缓。——

马并不听从它的主人，

勇敢的马依然风快地前进。

人世间就没见过这样的奔腾！

好像是云彩和荆棘的地面

融合成灿烂的白色一片。

骑士全速地飞跑着。那时天气还亮。

他看见稠密的一片矛枪钢林。

矛枪那极稠密地被打入地里

甚至于中国的细针——

在他们中间也找不到一点缝。

光荣的明江，摧折了路上的枪柄，

进入了枪列中底最深处，

穿入了钢林达两萨特罗依 ① 之深。

但金色马跳跃着

对它的勇敢的骑士说：

① 一萨特罗依约等于十五公里。——译者注

——武士呵！我的蹄子已经成那样了，
它们已完成扭转了。
我再不能跑啦。转回去吧。——
武士就回转了自己的爱马。

话说：正当忧愁失望的明江，
垂着矛要把归程转——
有一位像月亮底金镜般明亮的，
像燕儿底翅膀般轻妙的，
像月亮下幻影般优美的，
面貌像曙光的，
姑娘，在浅黑的美丽的肩上扛着一个长水瓶，
走来正遇着这个英勇的骑马人，
她向他问候。——
骑士回答道：——阿姐你好！——
闭着像心样的红色的嘴唇轻微地动了动
就算回答！
原来是这位美女底舌头哑着
说不出了话。

骑士跳下马来，把牙枪插在地上。
他从花纹满多的鞍子上取下坐垫，
郑重地请姑娘坐在垫子上。
用自己的皮鞭柄分开她的嘴唇，
他察看她的喉咙，
从喉咙里抽出了八根细针，

这些针正横隔在她柔软的喉间。……
他装起了烟袋，让姑娘吸了一口烟，
问道：你是谁家的女儿？谁是你的首领？
请你明白真实的说来不要隐瞒！——

微笑着瞟了武士一眼，
她说：——我的亲爱的阿哥，说真的，——
我很难同你真诚到底。
如果我们同意，——我们的心
就在这罪恶的青春之地会找到幸福的。
尊贵的土耳其可汗曾这样命令我：
"如果你就是看到一个影子
在那日出的方向，
你就通知我，来到的眼前。"
他把八棵针刺入我的喉咙，
为的怕我乱说……我就去侦察了，喏，
就在这炎热的日子，我只见
红尘飞入天空，
红尘落我满身。
"到底有多少万敌军
要到这里来呢？"我当时就这思忖。
而现在不过只见你一个人。
我一切都忘怀了，现在只想要一个人——
我想知道：怎样的母马所生的
走马能够是那样的美丽？
怎样的白脸儿夫人所生的

骑士能够是那样的美男子？
一颗火星永不会变成火灾，
任何人在孤独中也生活不来。
武士呵！我的灵魂——接近你的灵魂，
把我们未来的日子结合在一起，
让我们的命运成为同一的命运！——

——我们是不同的君主底差使人，
我们能否找得到同一的命运，
如果我们永远在路上，常常在途中？
我们在哪里能够遇见，各各奔走在不同的方向？
我完全想把你称作我的夫人。
这就是我的答复：现在请你给我打开道路。
不然我就要带你回家。——
明江说。——怎么办呢？你自己来决
定吧。——

——如果要男人请求——那太不好了。
但是拒绝他——更要千倍不妙。
这就是我的答复：我现打开道路。
如果你能把它穿过，
那么就走吧，我替你前途祝福，
你若不能的话，——就同我留下。——
姑娘解开了贵重的丝绸上衣，
在那上衣底下还有九层内衣，
在最后的一层有一个秘密的口袋，

取出了一把黑色的钢钥匙，
她把钥匙向稠密的矛枪地方挥了一下。
出现了一条小路，也不过有细针眼那样宽狭。
明江深深地叹了一口气，
他再没有问姑娘别的。……

祈祷着崩巴国，他跳上了马。
对马说：……你救救我，
这样的小路我永远穿不过！——
明江就勒紧了金辔头。
金色马也没有感觉到强勒的辔头，
光荣的走马随着蜘蛛底足迹走着，——
这些足迹已经有十年之久，
它跟着小甲虫底路爬着，——
这些足迹已经有二十年之久，
它爬过了狭路的尖端，
差不多是用着蹄尖来走，
到后来，终于把小路留在背后。

骑士离开了钢铁矛林飞奔向前，
忽然一座高山挡在他的面前，
山顶上还停着白云片片。
武士攀登上山顶
举目向四周一看。
一座红塔，像火焰似的燃烧在老远。
——这就是土耳其可汗底宫院！——

尊贵的武士对自己这样讲，

并把马驱赶进广阔的草原，

走进清凉的水泉，

割了忍冬草，亲自堆成高草堆，

煮了茶，在自己的顶上撑起伞来，

红得像檀树干一般，

又伸得像条条柔皮一样，——倒头就睡眠，

这个少年勇士底梦，据说

一直继续了四十九天。

到了第五十天的清早

他从梦中醒来。把马瞧一瞧：

马在大地底绿色怀抱里格外活泼新鲜，

就好像人们刚从牧场把它牵来一般！

明江把马化为一只小驹子，

他自己一下子也变成一个小孩子，

是那样肮脏的流浪儿：只要一搔鬓角，——

好几十的黑虱子纷纷下落，

要搔搔后颈——从脖子上

就落下数不清的虱子……

这样他就走进土耳其可汗底国土。

马驹慢慢地走着，没有快跑，

走到那里人们施给的多些，就在那里过夜，

走到那里人们施给的少些，他就在那里度日……

这样慢慢地前进着，

可汗的塔终于现在他的面前。
他把自己的马放在草地，
穿起毡袖外套，偷偷地溜进敌人底塔里。

流浪儿首先走进马厩，
他看见：许多战士底美丽的战马。
最小的也像山一般大。
勇敢的乌图·查干骑的是短尾马。
那是当时的习惯：在午前
人们用华丽的绒毛毯盖在马身上，
午后到晚间，盖的是光滑的毛毡。

这孩子在马肚下穿来穿去，
谁也没有注意到他的诡计。
看了看马底牙齿——他立刻判定：
这马赶得上他的索洛夫加——
他看见：在院子底另一方
站着一匹马，它的名字叫埃莱姆 - 哈拉，
它是那生于云中的屈嘉布斯之马。
他看见：一匹马静静地在那边站着，
它身上覆着一块毯，好像大熊星座。……

这孩子藏在埃莱姆 - 哈拉肚底，
谁也没有注意到他的诡计。
看了看马底牙齿——他立刻断定：
埃莱姆 - 哈拉赶得上他的索洛夫加！

他看了每一个马底牙齿，
再没有别的马比索洛夫加强大。
——唔，现在我看了成万的马，
斑黄的，去劳的良马，
所有这些马我都要偷去，
好教敌人底军队不能进攻崩巴。

这孩子跑下山来。看见下边
九重围墙的后面，
用天然的白石筑成的隐盖的马圈里，
在九道门后面有许多马拴在那里。
经过由险峻的花岗石山岩间
所凿开的七十重高峰间的峡谷。
在万把强悍的战士保护之下，
正午的时候人们要驱着马群到水泉饮水：
一昼夜只饮马一次……
在仔细地观察之后，他决定
要摧毁石围墙没有可能，
只有在饮马处等待适当的机会来临。
明江去找他的马驹，
原来它正藏在丈把高的深草里。

高高地翘起了银尾像一面旗子，
索洛夫加——那君王和国家的幻想说道：
——可得到了什么消息，无依靠的孩子：——
明江抱着索洛夫加叫道：

现在我看，崩巴国怎样才能帮助我，
使我成为名门的子弟，而不变成孤儿……
尊贵的土耳其可汗是不会被征服的。
他有两匹优良的种马，——
要晓得，索洛夫加，它们决能赶上你！

马叫道：——我们来到这里，
敢是为的吃那可汗桌上的残食？
我想，我们决不是那样的。
你告诉我，我的主人，不必多噜嗦——
你到底作何决定：退后呢还是前进？
我相信，有马能够赶上我。
但是，我的主人呵，你在哪儿见过那样的马？
能有我这么足智多谋？
我真晓得诡计无数！——

明江和光荣的走马商定：
在饮马处，选个适当的一瞬，——
以决定事情并在日中来偷盗马群。
这时候小孩子变成一个蜘蛛，
马驹子变成一个羊脚跟。……

穿过秘密的花岗岩小道的峡谷，
成群的野马飞快地跑向饮水处，
奔向山泉底清白的溪水，
马群后面监视着强悍的军队……

那里有几条小河，像青天一样的清澄，——
马并不把嘴唇和蹄子浸入水中。
武士一看——他眼中一阵黑暗：
无数的马鬣和马尾已经
变成翅膀，马蹄也变成了钢。

明江恢复了人的颜面。
用一种威吓的、高大的荒野底声音，
他开始喊叫，震动了辽远的高山，
他开始喊叫，震动了蔚蓝的青天，
他开始喊叫，震动了苍白的海洋。
他又站在悬崖上喊叫两声
用一种威吓的、高大的密林底声音。
据说，正当武士在叫喊，
聋老虎都吓破了胆！

马群因为勇士底喊叫，
尾巴翘起，受惊得忽然奔跳，
踏溃了上万的军队，——
自己的坚强警卫——直向东方奔去。
明江骑着索洛夫加跟着马群直追，
许多万军队这时跳来跳去，
只看见明江一人急闪而去！
在被恐怖所吓住的骑士前面，
好像厌恶尘土似的马群向前飞奔，
云样的灰尘紧跟在它的后面，

由飞散的细的马毛
发出了提琴和古斯里^① 底歌声响彻天空。

★　★　★　★

话说：尊贵的土耳其可汗
那时候正在喝他的午茶，
喝了一杯，第二杯，在他面前
又倒下了第三杯，——但是茶突然洒出外面。
——不久以前的某一夜我做了一个梦，
好像是由日出的那方
到我这里来了一个地狱的幽灵，一个魔王。
因为我们一直在豪华地宴饮
我就忘记了这个恶梦——
各位臣子呵，在我们顶上是什么天色？
咳，去看一看！——仆人走来回答
——报告陛下！暗红尘土底虹
掩盖了我们的地面和天空。——

庄严的土耳其可汗从王位上站起来，
经过那些发着抖的武士们，
走出了十三道敞开的门
走出外面，向东方一看，说：

---

① 古斯里：俄国古代的弦乐器。——译者注

——有人把我的斑黄色优良的战马
偷向江加尔那边去啦！——
苏丹命令审问守卫人。
——我们非常惊奇，——守卫人回答，——
好像是来了十万大军，
但我们只看见了一个骑马人。——

当时土耳其可汗发下了号令，
全国的武士都来听命。
——唉，居然这个世界上还有人
要跟咱们争雄！——大家听到了这声音。
苏丹说：土耳其帝国底精华，
所有的斑黄色走马
都被偷到江加尔那边，崩巴国去了。
一定要活捉住这个偷马的强盗。——

那时勇敢的查干和天人之子屈嘉布斯
就命令自己的看马的，
给马备上鞍子……
而这时候明江，大胆的骑士
正经过铁枪底密林：
他的马群闯进去把一切都给踏平。
真奇怪：一阵暴风就摧倒这如林的枪柄。

乌图·查干很快地就赶上我们的勇士，
他拔出剑来想把明江砍死，

但是索洛夫加那时救了自己的勇士：
它飞快而敏捷第撒腿就跑开去，
查干底宝剑却砍了个空……——
走马飞快地跳着直像一股风，
在他们前面无数的马蹄光发闪闪——
原来是万匹狂野的马群飞奔在前！
这样一直奔跑了四十九天。

金桥和银桥闪着明光，
伟大的江加尔底宝塔已经在望，
还看见草叶子已有人身一般长……
明江听见他的马在讲：
——挺起抢来，打倒他一个敌人。——
索洛夫加在逞自己的聪明：
等追击的人赶了上来，——
它转过来压缩了自己的身子。
明江就把乌图·查干
连他的斑黄短尾马一齐挑在枪上。

天人之子——屈嘉布斯，激昂奋慨
引弓直向明江射来。
箭头几乎射中索洛夫加底颈子，
但是它底牙齿接住了这致命的箭，
干练的骑士就把它折成两段。
屈嘉布斯底马啮着缰子叫道：
——你毫不要对这个骑士退让。

敌人弄剑实不比你高强。
他的索洛夫加救了他，
这是它诡计多端！
看准了只把它的四只马蹄射断。——

箭从张满的弓弦上飞出去，
铮铮地响着像吹芦笛，
一下射断了四只马蹄。
马说道：——你的命运是多么不幸，
你的索洛夫加四蹄被射中！
我只能支持到了一天的黄昏，
那时你可别对我气忿。
现在我看，武士呵，你曾经
痛苦地悲伤你的孤苦零丁，
痛哭哀诉自己没有亲人，——
唉，你不过是寄生在崩巴国中！
江加尔的人们在他们自己的故乡宴饮，
他们何曾必要来悲伤你的生命？
你的狮子在哪里，哪里是你的患难弟兄？
很明显地，他们是在撒谎，对你发誓说在桥边等你。
他们怎会去呢？这班懒虫！——

在第二天日落的辰光
可怜的索洛夫加已失掉了最后的力量。
屈嘉布斯又策马前来，
举起钢矛向明江刺来，

一下抓住明江底马底鬃毛！
解放了查干。他们二人
就攻击这个崩巴国底歌唱组长，
把他活捉了，摔倒在地上。
紧紧地捆起了他的手和脚，
又背绑在马上，
驱着万匹狂野的马群，
向自己的国家跳转回程。

★　★　★　★

在众国之王，伟大的江加尔底塔里，
正宴饮的兴高采烈——
预言家策基用响亮的
声音向自己的英雄们说道：
——派到别国去的你们的把弟兄
昨晚已越过了崩巴国底边境。
可是明江在桥边没有找到帮手，
现在诸位准备作何打算？——

强悍的萨伐尔正坐在右边，
命令把自己的褐色大马备上鞍。
鹰眼的宏戈尔正坐在左边，
命令把自己的灰色大马备上鞍，
并且站在崩巴人中间说：
——虽然我的马瘦长，但它一定能够赶得上，虽然我的马不算快，但它一定能够追得上！——
马匹应武士底召唤而来到，
两位勇士要去履行自己底誓言！
宏戈尔出发了，手里拿着金枪，
钢铁似的萨伐尔——他有铁臂一双——
只带了一把斧头就出发。
唱着歌儿肩并肩地去斗争，
马底速度简直像一股子风。

天人之子——屈嘉布斯回头一看，
他正遇到铁臂萨伐尔底目光，——
威赫的斧头底十二面刃口闪着光芒。
屈嘉布斯就跑到桥洞一旁。
想要喊叫——口还来不及张开，——
萨伐尔忽然已飞跑过来，
一斧头向他的脊背砍去，
斧头铮的一声碰了回来，
骑士顿失知觉，向马鬃仆去，
正好像埋入草里。
只觉得天旋地转，
圆圆的瞪着两眼。

萨伐尔抓住他敌人底衣襟，
一下子摔在路当中，
他紧紧地绑起他的手和脚
又拉住屈嘉布斯底马底缰绳。

紫色的宏戈尔也实践了他的誓言：
他把乌图·查干连人带马挑在枪上，
这些恶鬼一点也没有想到会遇着伏兵猛将！
明江得了解放，并且从后面
把这些由土耳其可汗那里盗来的马群驱赶。
两位勇士一齐跳下马来
把明江拥抱在自己的胸怀。
宏戈尔喊道：——明江呵！我们是你的弟兄。
我们并不因为你是波格多所溺爱的
孤儿而忘了你，
我们也不因为我们在自己
家中是名贵的人而忘了你！
也不为嬉宴，为饮酒，那丰富的
强烈的美酒之故
而忘掉了誓言，我们的友谊确是真实的！——

命令俘虏走在斑黄马群之前
向波格多底宝塔前进，
萨伐尔，明江和宏戈尔——狂暴的狮子——
飞快地奔向自己营阵。
在有麟的光亮的门前下了马，
把马拴在白色的鞍桥上，
解开了他们的俘虏并把门打开。
从各方面有细碎的铃声响起来。
走进塔里。那里坐着诺云。
他们一齐低下头来，

向宝座磕了三个头，
然后才各就己位。

跨过了二百个精选的战士，
推开了四百个黑色的战士，
又差不多打了七百个人以耳括了，
俘虏们呆在波格多底塔里
并且请求着江加尔：——伟大的波格多！
假若在边境上爆发了战火，
我们就可用你的大洋之水把它扑没。
我们愿作马来服侍你的各位英雄，
愿作你的伟大的祖国底小补丁，
请把我们收留在你繁荣的王国里，
请把我们，诺云呵，收作自己的臣民。——

——我虽然是天下不死的种族底王君——
江加尔说，——但是你们首先要请求我的
在战斗中锻炼过来的，
身经百战的威武的各位英雄。
铁臂的萨伐尔这时站起身来：
——这就是我们给与请求我们的
战士们的赠品！——
他把手在他们的脸上一放，
他们的脸上就自己显出了崩巴国底烙印。

——请你们转候土耳其可汗

并且告诉他：从今年起以至千年
你们的国家要服从江加尔底威权，——
他这样说，——并年年都得向我们进贡呈献。——
江加尔约定了和平，
打发走他的新臣民各回家园
并把土耳其的马匹送还。
又开始了中断了的酒宴……

酒宴一直继续到永无尽期，
崩巴国一年一年地光照大地。
从这时候起进入了黄金般的完美，
从这时候起这个强盛英勇的民族
就开始生活在和平、满足和幸福里。

给孩子们

【编者按】刊载于重庆《文学月报》1940 年创刊特大号，署名亚克。作者为 M. 季莫宁。

你们爱好丛林，
野花
和那被阳光
晒热的河水。
成长吧，游戏吧，
学习吧，亲爱的，
伟大的自由
永远是给你们的。
广阔的道路，
向着庄严的和平——
直到那蓝色的海边
田亩都在摆荡。
斯大林就好像
自由和光荣的太阳
微笑地照耀着
幸福的童年。
看吧，你们的一切：
田野和工厂，

广大的森林，
深奥的河涧，
还有一切世界上
渲染和悦人的
丰富的大自然。
鸳公与鹭婆
在蔚蓝的天空飞翔，
许多城市
在沙漠中生长，
到你们将来的好的时光
在全能的国度里，
在英雄的土地上，
一切都要光大，发扬。

萨里扬诗选

【编者按】刊载于《译文》1957年第11、12月号（苏联文学专号），署名亚克。

致祖国

歌唱你那灰白的青石，
那阳光普照的春天，
或是你夜间的灯火，
还有愉快的新奇事件；
歌唱年轻的力量无穷，
它指引人们建立功勋，
歌唱祖国大地的繁荣
是怎样鼓舞人心？

我歌唱你，我的国家，
歌唱你的早霞，
我永生赞颂你
不朽的美丽象碧玉无瑕。
你一年四季都是春天，
使人迷恋。

你就象汪洋大海和辽阔的田野，
威力无边。

你过去、现在和将来
比一切都更美丽，更豪迈。
我要歌唱
我们伟大的时代。
歌声呵，嗅一嗅玫瑰的芬芳，
吸收些炎热的阳光……
我但愿能把
亲爱的祖国歌唱。

十月之歌

欢腾的"十月"再一次彩旗招展，
水中又映出各色的火焰。
祖国号召自己的坚强支柱——
自由的人民——参加光荣节日的狂欢。

为了人类的平等，为了自由的胜利，
为了使祖国强大和发展，
人们进行了反对丑恶的斗争……
自由的人民，无敌勇士备受赞扬。

万顷荒地变成良田！
短短几年内新城市连续出现！

可信赖的儿子竭尽忠诚，
自由的人民，对亲爱的祖国象对母亲一样！

在昏暗的农村里燃起了火光。
顽强的劳动战胜了苦难。
一切道路都已开辟，它们是多么光辉，
自由的人民，我们的时代多么灿烂！

在坚强的心底藏着无尽的幻想，
在欢乐的田野上无数的青苗在苗长。
在年轻人身上——有开阔的胸襟，
自由的人民，你们在劳动中受着锻炼！

伟大的战争曾以战斗的号角号召我们
参加战斗，参加威严的进军，
在美好的时刻，胜利的春天，
自由的人民，光荣地返回家园。

假若在阴云密布的年月，
祖国再度向我们发出战斗的呼吁，
密集成山一般威武的队伍，
自由的人民，将给敌人以致命的打击。

它即将来临

共产主义——我们心中的骄傲——即将来临，

比春天的阳光还要明亮，它即来临，
向着集体农庄的田野、耕地者和割禾人，
它将以自由土地的主人的姿态来临。
向着我国澎湃大海的怒号，
向着我国奔腾的河流，它即来临，
向着工厂汽笛的尖叫，
它将象电气一般顺着电线网来临。

铁轨在草原上唱着歌，
也将沿着铁轨来临。
千百年来人们过着奴隶的生活，
它将带着自由的劳动来临。
敌人不愿意我们有光明的命运，
它以我们光明的命运而自豪，即将来临。
没有斗争我们一步也不能前进，
它以我们光荣的斗争而自豪，即将来临。

或许，在它迈着胜利的步伐来到之前，
我已赶不上那个时代，
但你们知道，我的心那时候
也会听见它的庄严的到来。
朋友们，请你们对它讲述我的事情。
告诉它："世界上曾有过一位诗人，
他心里满怀激动，
歌唱过你光明快乐的世界即将来临。"

色望湖边

色望湖，你在碧蓝色的光辉里，
浴着春日的阳光；
波浪象心房一样跳动，
眺望着绿玉般的湖岸。

过去了许许多多的岁月，
你，湖水呵，变成了电光，——
我们在这明亮中
看到了自己胜利的光芒。

你向每一个过路的行人
用微笑照明了道路，
但不要忘记提及
用你的湖水创造光明的人们！

你应当把烈火般的故事
转告我们的子孙，
说我们怎样把你，湖水呵，
改变成光明。

色望湖，你在碧蓝色的光辉里，
浴着春日的阳光；
波浪象心房一样跳动，
眺望着绿玉般的湖岸。

忠告

死——并非损失中最大的损失，
朋友，我的亲爱的同志，
它不会使人毁灭的呀，
你要相信人能掌握生活的命运。

生在我们的土地上，要知道，
活着，对周围的人
不能有所贡献，
我的朋友，那才是可怕的事情。

第四辑

话的力量

【编者按】刊载于《译文》1953年第6期，署名亚克。原作者为巴甫连柯。

当我感到困难，当怀疑自己力量的心情使我痛苦流泪，而生活又要求作出迅速和大胆的决定，由于意志薄弱，我却作不出这种决定来的时候，——我便想起一个旧的故事，这是许久以前我在巴库德一位四十年前被流放过的人说的。

这故事对我起了很有用的影响，它能鼓舞我的精神，坚定我的意志，使我把这短短的故事当成我的护符和咒文，当成每个人都有的那种内心的誓言。这是我的颂歌。

下面就是这篇故事，它已经缩短成能够对任何人叙述的寓言了。

事情发生在四十年前的西伯利亚。在一次各党派流放者秘密举行的联席会议上，做报告的人要由邻村来参加会议。这是一个年轻的革命家，名气很大，也很特出，并且是一位前程远大的人。我不打算说出他的姓名。

大家等他等了很久。他没有来。

把会议延期吧，当时的情况是不允许的，而那些跟他属于不同政党的人却主张他不来也要开会，因为，他们说，这样的天气他总归是来不了的。

天气实在也真是恶劣。

　　这一年的春天来得很早，山南光秃秃的斜坡上的积雪被太阳晒软了，要想乘狗拉雪橇也办不到的。河里的冰也薄了，发了青，有些地方已经浮动起来了。在这样情形下，滑雪来很危险，要驾船逆流而上也还太早：冰块会把船挤碎的，其实，即使是最强壮的渔夫也抵不住冰块的冲击力。

　　然而赞成等候的人并没有妥协。他们对于那个要来的人是一向深知的。

　　"他会来的，"他们坚持说，"如果他说过：'我要来'，——那他就一定会来。"

　　"环境比我们更有力量呵。"前一种人急躁地说。

　　大家争论起来了。忽然窗外人声噪杂，在木屋跟前玩耍的孩子们也兴奋起来，狗叫着，焦急不安的渔夫们赶紧向河边奔去。

　　流放者们也从屋子里走出来。他们眼前出现了一个惊奇的场面。

　　有一只小船绕着弯慢慢地冲着碎冰逆流而上。船头站着一个瘦削的人，穿着毛皮短外衣，戴着毛皮耳帽；他嘴里衔着烟斗，他用安详的动作，不慌不忙地用杆子推开流向船头的冰块。

　　起初谁也没注意，这小船既没有帆又没有摩托，怎么会逆流行驶，但当人们走近河边的时候，大家才吃了一惊，原来是几只狗在岸上拖着船前进。

　　这样的事在这里谁都没有试过，渔夫们惊奇得直摇头。

　　其中一位年长的人说：

　　"我们的祖先和父亲在这儿住了多少代，可是谁也没敢这么做过。"

　　当戴耳帽的人走上岸来的时候，他们向他深深地鞠躬致敬：

　　"到来的这一位比咱们大家更会出主意。是个勇敢的人！"

来者与等候他的人握了握手，指着船和河说：

"同志们，请原谅我不得已迟到了。这对我是一种新的交通工具，有点不好掌握时间。"

实际上是不是这样，或者说人家讲给我听的这个富于诗意的故事中是不是有所臆造，我不得而知，但我希望这一切都是真实的，因为对我来说，再也没有比这个关于信任一句话和关于一句话的力量的故事更真实和更美好的东西了。

路上的呼声

【编者按】刊载于《译文》1954 年 2 月号，署名亚克。原作者为巴甫连柯。

由索科林诺耶经过埃 – 彼特里峡口到雅尔达去的路，是克里米亚风景最幽美的一条道路。公路穿过长满橡树的苍郁的峡谷，爬上埃 - 彼特里北面的斜坡，进入了茂密的松林，松林慢慢地越往高处就越稀疏。光秃秃像荒地一样的山顶上，即使夏天也很冷。低洼处积雪上落满了松针，看去褐黄的颜色中显得有些绿；旋风坚实而有力，单调地吼叫着，它的愠怒没个完，喧闹地像火焰一样扎人。仿佛有一股无形的空气的激流始终在那里滚滚流着，一路上扫荡所有的一切。

旅客都拿毯子、外套、皮袄或棉袄裹在单薄的夏衣上，因为只过一个钟头就又是干燥的克里米亚夏季的无风的炎热了，——吹过山风以后，海岸上静如死水的酷热在他们是多么吃力、疲倦而昏昏欲睡啊！

多风的山顶已经过去了。道路弯弯曲曲，时常高高地探头到海面上去，海虽然很远，看去却仿佛和悬崖紧贴在一起；还可以看到萨里契海角到雅尔达的海岸，雅尔达虽被摩加比山遮住，但再往东，海岸又显现了，直到苏达克山，从远处看去它们在天边只有一些淡淡的蓝影子。

广阔的海把群山围绕住。光秃秃的奇形怪状的悬崖峭壁，仿佛成了化石的巨鹰，从南边的山坡上雄视着夹在群山与大海之间的那条狭窄的海岸。

从上面，从埃-彼特里山往下看，一切都显得渺小、猥琐、不知为什么都像蜷缩成一团，仿佛一伸手，一切都可以摸到，喊一声，一切都会响应。从这里看不到很多的村子，村子里的葡萄园和犹如干涸了的小溪的险峻的石子路就更不用说了。

从高处望，只有最硕大的东西才能看得见，而从这里，从这些只有鸟才飞来的所在往下看，即使最熟悉的地方也难于一下就猜到。接着，到里伐第亚去的急转的斜坡开始了。向山下倾斜的松林遮断了视线，滨海区已经近了，但这只有从呼吸中才能体会出来：空气越来越浓、越温暖，而带有香味了。

于是很自然地，一点也不意外地迎面出现了疗养院、路边的厂房，接着到来了郊外的里伐第亚的第一批建筑，再过去——就是雅尔达了。

有一次秋天，我从巴赫奇萨拉依经过埃-彼特里回雅尔达去。我们乘的那辆公共汽车过了索科林诺耶，走到山峡的北面斜坡上，离家只有两小时汽车路程的时候，天就暗下来。

峡谷的密林中静悄悄没有一丝声音，只有群山的影子打破这片清新的宁静，松脂几乎被太阳晒得熔化，因此气味很浓烈。但山顶上的云越来越多，越来越黑，表示天气有迅速变坏的可能，而从山上那面传来一股潮湿的树木的气味，仿佛山中哪里已经落过了一场倾盆大雨。

转了这寒多的湾，索科林诺耶早已看不见，响亮的锯木声也沉下了，一路上伴送我们最久的手风琴声也听不见了。

道路很陡地向上爬去。突然汽车一下停住。司机宣称，制动蹄损坏了，停车时间估计很长，如果有人急于赶路，最好另外去找车子。可是这时候碰到开往南方海岸去的车子，希望是很渺茫的。

我们，几个偶然的同路人，就步行走了，希望在上面高地上能够碰上给雅尔达运冰的卡车而搭着下去。

上面，靠近峡口的地方，离开我们的头顶很高很高，狂风在怒吼着。我们只听到它的遥远的回声：不是树枝折断，就是树干轧轧作声。

但是山路突然转了个急弯，仿佛向侧边倒下去似的，从那大雾弥漫的深谷里突然刮来一阵可怕的风，使我们不得不马上停下来。这阵风来势之猛，像瀑布一样，不但使我们透不过气来，人也几乎被吹倒。

有人建议用手抓住了路边的灌木前进，但是这些灌木沿着山坡一路过去长得相当高，而且和道路还隔着条壕沟。

"只好等车子了，"有一个人说。

"还是回转去吧，"另一个好心地说。

但是有一个尚未成年的姑娘，不是儿童休养所的工作人员就是休养员，为了赶明天早晨的班，决定继续前进。我说，我和她一起走。

显然，她是没有选择的余地的。但为什么我也决定去，直到现在我还不能理解。大概由于我在她面前感到惭愧吧，她是那样娇小，怪可怜的，穿着薄薄的短外套和短裙子，手里拿了一条彩色围巾，——这条围巾她一会端端正正地包在头上，一会拿来围在脖子上，一会又把它解下来，拿在手里。她一路走，风一路把她的卷发吹得飘扬，不禁使人想起毛头竖了起来的高加索牧羊犬。我实在不很乐意地跟在她的后面，心里希望我们真的已经快离山顶不远了。风吹得我们倒来倒去。我们拉起了手，也无济于事。

森林逐渐稀疏，树木几乎弯到地面，一堆一堆地向两旁退去。随后森林就消失在雾中。雾很浓，像风卷起的雪一般刺人。它披散着长发在空中跳舞。由于它，喉咙发痒，听觉也不大灵敏了。

"您在哪儿？"我呼喊我的旅伴，声音可怜得很，一点也不响亮了。

她没有回答。

"您在哪儿呀？"我又喊道，并且听到远处也响起了：

"您在哪儿呀？……我……我……"

但是这声音在我的前面还是在我的后面，我就不能确定，也不知道我该去追赶这个姑娘呢，还是相反，应该等着她。

生活中常常有这种尴尬而愚蠢的局面，那时候由于行动违反常识而落到了盲目的偶然性的支配下，结果"理智"的提示不听，而"荒谬"的命令却不得不接受。

当然我也懂得，坐在汽车上等到天亮，比起疲乏得跌跌撞撞，脚板磨得出血，在一条看不见也摸不着的路上瞎闯，时刻都有跌断脖子的危险，真要强得多呢！

多么荒唐的固执呵！这是为了什么呢？

而且我又这么糊涂，不去说服这个卷发的固执的少女，使她的行动合乎逻辑而又有理智！山是不喜欢轻举妄动的冒失鬼的。

但是现在除了伸出两手，像在黑暗的屋子里摸索着向前走去，一边走一边高声呼喊那失去了的伙伴，同时在号叫着的空气中留心倾听之外，还有什么办法呢？

"您在哪儿呀？……"我终于听到了，就立刻回答。

静默了好一会儿。接着，在侥幸摸索找到的路的转弯处，一阵风斜吹过来，我听到了一阵微弱的、断断续续的歌声。调子不容易猜出，但毫无问题，那是歌。我又喊了一声。

我们互相呼喊着，就像两个隔着重洋的无线电员。唱完了歌，她就开始收报——像无线电员所说的那样，她捉到了我的声音，就又唱了起来。

现在我听出她一直是在我的前面，又像比我高一点，为了不落后，我就加劲赶上去。

但是我却常常踢着石头，跌倒地上，好久爬不起来。只要动念想休息一下，力气就马上跑开了，因此最困难的是爬起来，每次都仿佛无法办到似的。

狂风迷雾，道路看不清，近边就是险峻的悬崖——现在这一切也不再使我不安了。我什么也不想。

只是脑海里偶尔浮现了不愉快的回忆：有一次我掉到了水里；还有一次也是这样漆黑的夜里，在德军炮火下的刻赤前线我跌倒在泥泞的春天的田野里，——这些回忆一闪而过，不留一丝痕迹，既不使我不安，也不使我兴奋，仿佛它们并不是我的事。但是我的心却感到窒息。它停止了跳动，呼吸困难的肺部像有一种尖锐的东西在扎着。太阳穴卜卜直跳，两眼因紧张过度而有些酸痛，连眼泪也流出来了。

"嗳，嗳！……"

"嗳，嗳！……"

我想起了柯罗连科所写的一篇远处的几点星火怎样鼓励了一个夜行人的很短的小说。后来又想起了伊凡·蒲宁的《山路》。这篇小说中的一段总是使我非常感动。我甚至可以背得出来：

"我的一生中像这样艰难和荒凉的山路，已经经过了多少呵！忧愁，苦难，疾病，爱人吵翻，朋友出卖，像黑夜一般进逼

216

我——而离开我所亲所爱的一切的时候就要到来了。我硬起心肠，又把我那流浪者的手杖拿在手中。新的幸福要爬很高才能达到，而且爬起来非常吃力，黑夜、迷雾和风暴在高处等着我，可怕的孤独又在山路上抓住了我……但是前进，前进！……"

我自言自语地叨念着这些话，眼泪痛苦地簌簌落下来，但是老实说，我并没有感到真正的忧郁和悲哀。在家里，在舒适的房间里，坐在写字台边读这篇小说的时候，我心里要难过得多。而这儿，在这大雾弥漫的险恶的山中黑夜，时刻都可以碰到死亡，这故事却使我觉得冷酷，不真实，有些浮夸。

"嗳，嗳！……"前面又在呼喊了。

"嗳，嗳！……"我机械地回答着，继续想自己的。

山路真不容易走，但停下来是不行的。倒下去的不是疲乏的人，而是停下来的人，我想。只要心还在跳动，我就要坚强地挪动疲惫不堪的腿，如果站不起来，我就用手爬。"真的，我怎么能够停下来呢？"我想。"这个疯狂的孩子在这白茫茫的迷雾里，大概会一路用手探摸，向每一个树丛叫喊，摸索每一块石头，一直把我找到天亮的。而且，她知道我跟在她的后面，可能指望着我的帮助。"

"嗳，嗳！"我喊道，我的声音很勇敢，有些挑战的味道。

"嗳，嗳！"黑暗以一种高亢的、既非笑又非哭的声音回答我。

唉，这个可恶的蓬头姑娘！我年纪比她大，应该阻止她，劝导她，设法用理智影响她，再不就干脆用长辈的权力禁止她——那么一切就会正常而简单，这时候我也可以坐在公共汽车里，不管天气如何，而愉快地跟旅伴们聊天了。雾也跟我没有关系，它就像根本不存在一样。而现在呢，却要在这刮着狂风的山顶上，听着疼痛、疲乏而焦急的心的剧跳，从尖利的石头上爬过去。这心就像一只刚被捕获的老鼠在胸头乱撞，一会在右边，一会在左边，一会又窜到了喉头……

只要我看到遥远的地方有一丁点儿火光，我当然就会立刻停下来。有火光——自然就有人，姑娘就会找到他们那儿去。但是火光哪儿也没有。连星星也没有。凡是能够表明我待在什么地方的东西一样也没有。

但如果没有这种可怕的孤独、绝望而又顽强的"嗳！嗳！"叫喊声忽而在前面忽而在旁边响起来，周围的这种空虚也根本不会把我吓住的。

我盲目地跟着它走去，而它却常常躲开我，在雾里立刻又无影无踪了。

"你等等我吧，嗳！……"我喊着，累得把两手乱挥。

回答的却是：

"嗳！嗳！……"

我又向前走去，诅咒着自己的轻弱无力、黑夜和那个姑娘。

天亮的时候，我在快要下山的地方搭上了一个疗养院运冰的卡车。我解说了好久才使司机明白，我怎样和为什么深夜还在山顶上。

"原来，您是兜风的，"他叫我坐在粗糙不平的冰块上，很不赞成地说。"在这冷东西上坐一会，也许头脑可以清醒点。"

不管我的地位怎么尴尬，我还是把那姑娘的事告诉了司机，如果我们赶上了她，请他务必也让她搭一搭。

"我们管不着姑娘不姑娘！"司机摇摇头。

卡车向山下驶去，碰到转弯车子一侧，我坐着的冰块就偬偬窣窣地滑一阵。我的心慢慢地恢复了正常，有时还像做了场恶梦的孩子不免要发抖。一路上，每拐一个弯就显得更温暖些。空气变得沉重，呼吸时很吃力。眼睛也睁不大开。脑袋由于松树的气味有些昏沉沉。

在睡意朦胧中，我听到远远地在我们正要开下去的那边公路上响起了汽车的喇叭声。还在睡梦中的大海就在附近闪闪发光。郊外到了。再过去就是市区。在我们的路接上公路的地方，站着一群人在等候顺路的车辆。司机从驾驶室里向我喊道：

"嗳，院士先生！……完了完了，好下来了！"

我小心地爬到卡车的边缘。突然，我的背后有谁以尖细的声音像哭一样的说起话来。我回过头去。就是那个可恶的姑娘站在司机旁边，挥舞两手高声在问：

"有个老头儿您可碰到没有？就这么瘦瘦的，戴眼镜，忙忙乱乱的！啊呀，真糟糕！……现在怎么办呢？"

司机向我这边指了指。

"我只看见一个老头儿。不知是不是他？"

"是呀，是呀……就是他！"这时，我还站在左边的后轮上，两腿就被抱住，硬被拖到了地上。

"嗳，难道可以用那样的速度跑的吗？"她凶狠地把消瘦了的、满是泥污斑点的脸伸到我的面前，喊道。"这是什么越野赛跑，请说？拼命的跑……你以为你是全欧洲的冠军吧！"

"谁拼命跑呀？"我有气无力地问，在石头的路边上坐了下来。"到底是谁拼命的跑呀？"

"我一路都是跑过来的，"姑娘把落在额上的头发撩到后面，转过身去朝着站在路上的人们又迅速地说起话来，而人们显然都已经知道是怎么回事了。"我嗳嗳的喊，您在前面。我就跑起来……我嗳嗳的再喊——您还是在前面……我想，您为了面子这样冒险是不值得的……您年纪已经不轻……要我照顾……"

"我要你照顾?"我问道,声音低得几乎听不见。

"哦,还有谁? 总不会是我!"姑娘气虎虎地回答,她用坚决的手势阻止我,自己继续说下去,"当然,最后我也真火了……怎么老是这样!——但我又想到您……哦,青年团员,前进吧! ……于是我就加把劲跑了! ……"

"而您可知道,我一直在追您? 我不知道有多少次想停下来,坐在路边等过路的车子……"

"而我呢? 而我呢?"姑娘又叫了起来,眼睛里涌出了泪珠。

不论是好心肠也好,关怀也好,甚至是软弱也好——她什么也不肯向我让步。

"您以为我就没有受苦吗? ……但是,我想,如果您向前走,我怎能停下来呢? 这不是对待同志的态度……为什么您不喊一声,让我停下来?"

"我喊了不知多少回。您大概没有听到吧? ……"

"我也老是喊您,您也没有听见……"

突然她握紧拳头,在我面前晃了一晃。

"一般说来还算好。"

"当然好啰。我们都活着,谢天谢地。"

"我不是这个意思,我是说我们走得可多……"

她那深陷下去仿佛变老了的眼睛里爆出了火花,苍白的嘴唇抖动着嘴角,露出了一丝微笑。

"这简直太好啦!"她说着就跑掉了。

过了一刻钟我就进城,街道很温暖,仿佛夜里被烤过似的。山仍旧笼罩在雾里。从远处望去,雾很美,但是谁相信它是那样冷呢。

"真是美好的一夜。"我心里想，当我回忆起姑娘那尖细的、由于害怕而有些发抖的声音里藏着何等的力量时，我不禁微笑了。

而在我这个城里人的嘶哑而软弱的声音里——我总以为它萎靡而感到羞耻，原来也藏着足以激励别人的意志的力量。主要的——是前进，并且招呼人们跟着前进。

即使声音很轻，即使它由于疲乏和紧张过度而发抖吧，但是前进，坚决地前进，并且招呼人们跟着前进：

"嗳——！……"

你也就能听到回答：

"来了！……"

贫与富

【编者按】刊载于《译文》1954 年 7 月号，署名亚克。原作者为法捷耶夫。

今年秋天，我们开除了林业工作人员尼古拉·卡姆科夫的党籍。

他的父亲，林务区长伊凡·斯捷潘诺维奇·卡姆科夫原先是一个富有的人，靠近我们乌特斯诺耶村——现在是"红色游击队员"集体农庄——他有一大片垦地和一幢房子。一九二二年当苏维埃政权在我们边区巩固之后，我们才没收了他家的土地，而老头子本人却因他在战争的那些年在自己家里隐藏过游击队员而被大家所宽恕，他现在是边区一位著名的森林学家。

我们开除尼古拉·卡姆科夫是因为他在集体农庄酗酒闹事。秋天他来到父亲这里作短期逗留，——他父亲现在管理林业，——他来的时候正遇上分配收入的节日。他的事情就在这个时候发生的。

审查他的历史时，我们这些散居在全边区各地的乌特斯诺耶村的党员们也被召来作证。在我们幼年时代，我们大家都很熟悉尼古拉，并且也很相信他，在国内战争结束后他忽然不见了。这时候我们才发现从前就不该相信他，甚至令人奇怪，怎么当时我们竟会看错了人，怎么这种人居然到现在还留在党内。

从前我们没有受教育的机会，全边区闻名的学者的儿子尼古拉·卡姆科夫居然跟我们来往而且交朋友，这对于我们这些庄稼人的孩子说来，确是受宠若惊了。

学校放假的时候他回家来，肩上背了支枪，他也常来看我们。整整几星期几个月他跟我们混在一道。我们一块在田间干活，钓鱼，打猎，开晚会，用一个钵子吃饭，他穿的衣服也同我们一模一样。

在节日的时候，我们有时玩对阵搏斗，——一边是贫农阵，另一边是富农阵，——我记得尼古拉·卡姆科夫常常跟我们贫农在一起。他自小身体又高又胖，眉毛很浓，声音粗大。他在没有同磨房主的儿子阿列克沙士卡·乞金接触之前就一连推倒了许多人。对方是一个敏捷的、眼明手快的家伙，简直像只野兽。如果他乘机打你一下，那就会击中要害，打你个毫不留情。他们搏斗了一个钟头光景，后来卡姆科夫首先伸出手来。

"好了。我敬重你。"他说。

"好吧，少爷！"阿列克沙士卡笑着说，"如果客客气气，我也并不反对。"

我们村里还有这么一个庄稼人安东·顾利耶夫，无业游民，还在沙皇时代他就既不信上帝，也不信神父。他没有牲口，甚至连鸡鸭都没有，住的房子马马虎虎盖了一层茅草，没有边房，也缺少篱笆，孤零零地立在村边上。

他任何工作都不当回事，他说："在这方面我完全同意我们的主——耶稣的看法。"他成年累月不在村子里。只有他那面无人色的老婆一个人在乞金家的和卡姆科夫家的土地上劳动，他们的孩子们——有一大堆——却在外面讨饭。

有时安东·顾利耶夫由外边流浪回来，赤身露体地在村里走来去，缩着脖子，脑袋落在两肩上，身躯很短，两腿特长，满脸胡须，装模作样——嘴里胡言乱语：

"马上就要实行大伙儿平分了。准备吧！"

"什么样平分呀，安托沙？"

"我们要平分土地主人们的财产。"

"难道这样够大家分吗？地上的人口恐怕比天上的星星还多呢。"

"吃饭穿衣是够了，而我们大家只能照贫农一般地生活。"他自以为是地说。

尼古拉·卡姆科夫最能够跟这个安托士卡·顾利耶夫处得来，常常在他家顶楼上过夜。有时候，两人喝喝酒，坐在那里，两脚搭拉着。安托士卡喝得醉醺醺的，而卡姆科夫抱着他唱歌，眼眶里充满了泪水：

"俄罗斯，贫穷的俄罗斯呵，

我爱你那可怜的茅屋，

我爱你那四处流行的歌曲，

就像初恋的眼泪一般宝贵。"

实际上我们村子从前的确也是贫苦的！离铁路有二百俄里远，四周是大森林和沼泽。一连数月得不着煤油和盐。节日傍晚你打猎回来，走近渡船，就听到河对岸人们在呻吟，——有许多人都烂醉如泥。五岁的孩子们也都喜欢装醉鬼玩耍。

我们乌特斯诺耶村有许多贫苦的人家——布尔科夫、科姆列夫、安契士金，数不清像我们这些成天劳动、过着痛苦和恶劣生活的人们。但是我们也有自己的内心的骄傲，因为我们用自己的双手开辟了通往这里的道路，移开了这些可怕的森林，开垦了这种令人苦恼的土地，消灭了不计其数的凶恶的野兽，并且在心中保藏了诚实与热情。

　　当我们的第一批布尔什维克士兵从德国前线回来之后，我们晓得了在世上应当享有更好的命运。

　　国内战争时我们村里大部分人都去打游击。我们这些人都去了——布尔科夫家的人、科姆列夫家的人、安契士金家的人，——我们去的人很多。安东·顾利耶夫也去了，尼古拉·卡姆科夫也跟我们一道去了。所以现在要审查卡姆科夫事件，我们这批老战士们都得回忆一下顾利耶夫和卡姆科夫两人当时的思想情况。

　　我们没收了庄园、磨房、车站，顾利耶夫却喊道：

　　"把一切都毁掉他妈的吧！"

　　人们告诉他：

　　"为什么要毁掉呢？这一切都是我们建设的，这一切都是属于我们的。尼古拉，你解释给他听吧，你是我们劳动农民中唯一有教养的人。"

　　而卡姆科夫呢，却思索一番，说道：

　　"也许他是对的，我们要这些东西干吗呀？"他说，"我自己已经体验够了，什么叫财富，它给人们带来了多少灾难。"

　　国内战争使我们许多人走上了正确的道路。回想一下那些光荣的战友同志们，他们已经成为知名的人物，已经是很有教养的人了。当我们不在的时候村里人已成立了集体农庄，他们所干的并不比我们在国内战争中所做的差些。人们没收了乞金家的财产，长期间还监督他们一家人的生活。人们学会了在集体农庄为大家也为自己诚实地劳动，他们也受了不少痛苦！旧时代的遗毒还有很多留在每个人的心里。

　　谁对我们的"红色游击队员"集体农庄怀恨在心呢？就是安东·顾利耶夫！也许是他从前曾经生产发家，而现在却丧失了财产吗？不是的，他的茅屋还是与从前一模一样，他还像已往那样不事生产，他自己落后了。他的儿女们都离开他加入了集体农庄，他的老婆，那个苦命的女人早已去世了。天晓得他由什么地方找来一个被没收财产的富农寡妇，还带来四个孩子。他的胡子蓬松得像狗毛一般，已经花白，他两眼中滋长着仇恨。成天到晚他由这家串到那家，说着一些奚落的话：

"好呵，苏维埃政权的拥护者们！活干得倒满起劲，可是肚子却饿得发慌。"

在最初那些困难的年月里倒是有人听他的，可是后来情况就变了。过去带给我们不幸的事物，现在集体农庄却由它们创造出新的财富——我们广阔无边的森林里出产了白蜜，我们沼泽地区可以收割像白糖似的又白又肥实的大米。这时候人们的日子自然过得快活了。恰好，由我们乌特斯诺耶村通往铁路线和海边的大道也修筑成功了。我们的潮湿的黑土地区开始创造奇迹了。

安东·顾利耶夫失踪一个月后又回来了，大家都感觉非常惊异：我们已经开办十年制的学校，而他，这个流浪汉，却带来一个神父。

"我从前信过上帝，"他说，"现在我有权来启封教堂（教堂已被查封八年了）。我给你们带来一位圣徒替大家洗刷良心。我们从他嘴里来听听我们的天主耶稣怎样教我们团结友爱！"

但是神父在第二天就逃跑了。因为顾利耶夫骗他说，他是被信徒们请来的，而信徒们却回答他，上帝自己什么都看得见也听得见，用不着神父来帮忙。

一九三四年我们的集体农庄占全省第三位。我们农庄的人在全边区都出名了。意义重大的不是那些老战士又获得了荣誉，而是在谁都不知道的边远地区，从不见经传的人中间涌现了许多新人物，这些人不论是从前在村子里也好，国内战争时期也好，战后也好，都是默默无闻的。

像玛克沁·德米特里耶维奇·戈尔钦柯老爹，就是在从前的年月也不是所有的人都晓得他，他活着还是死去也无人知道。这位一生坐在成堆的腐朽檀头旁边做活的老头子，忽然因为在集体农庄的蜂房里采集了大量的蜂蜜，而被任命为养蜂场的监督。又如阿加斐亚·谢妙诺夫娜·勃洛希娜，生产队长，——这个姓从前我听也没有听说过，——她在她那块沼泽地上收获了那么多公担的良种大米，简直没法用科学的道理来解释。还必须指出，她在离开她那游手好闲和酗酒的丈夫之前，怀里还抱着吃奶的婴儿。她那健壮的两奶的奶汁非常丰富，在那年不仅喂养了自己的孩子，也喂养了生病的邻居的孩子。

这一年在我们村子里出现了大大小小许多这样的人物。可以说人类的花朵在生育成长。他们的主要美点在于他们以自己的劳动相互增光，他们都是为大家设想，为劳动和智慧相互尊敬。这种人在世界上是什么都不怕的。

从外表上看来，生活变得更美好了。我们的姑娘们开始穿起了高跟鞋。给我们村里运来考究的服装和领带，脚踏车，留声机，无线电收音机，书籍，儿童玩具，——这一切虽非生活中的主要必需品，但它们却使生活更加美化。

这时候安东·顾利耶夫弹起了另外一种调子：

"阿哈，集体农民们都发财啦。"他说。"把平等和友爱都忘记了。人应该是平等的，"他说，"而你们干的是什么事呢？你们，穿起了体面的衣服逛来逛去，而我却穿得这么破烂！"

人们对他说：

"谁对你不住呀？你来同我们一块做工吧，你会按劳取得报酬的。"

他却恨得咬牙切齿。大家只好把他当作顽固分子来看待了。

三五年秋天，这一年我们的收成特别好，尼古拉·卡姆科夫在村子里出现了。人们很久没有见到他，这几年他在外乡什么地方工作来着。大家知道他已经入了党，在林业方面做事。使人气愤的是他既不住在哪一个集体农民家里，也不住在他父亲那里，却根据旧日的习气依然爬上了安东·顾利耶夫的顶楼。

什么东西联系着他们，不得而知，但在分配节前成天到晚他们都是喝得醉醺醺的。卡姆科夫全身都肿胀了，看起来他好像惘然若失的样子。

我们农庄的主席彼得·费多罗维奇·布尔科夫是一个身材魁梧、体格健壮、面孔漂亮、聪明而热情工作的人，——农庄里人们管他叫做"彼得沙皇"，——有一天他在路上遇见他们。

"你怎么样，尼古拉·伊凡诺维奇？"他说。"莫非失掉了什么东西？"

他瞪眼看了看他，说：

"我在寻找自己的青春，你没有看见吗？"

彼得沙皇笑着说："老弟，每个年轻人都会觉得自己是年轻的。像我比你年纪大，但我觉得并不老，你呢，却掉入衰老的境地了！"

"是的，我看见了，你们大家生活得太阔绰了。"

这样的回答激动了我们的彼得沙皇。

"这话怎么讲呢？"

"就是这么回事……你大概也买了留声机吧？"

"那有什么稀奇？你母亲在世的时候曾经有过一架钢琴，那时候只不过是我们这些庄稼汉无法接近它罢了。"

"听见了吗？"卡姆科夫问顾利耶夫。

顾利耶夫也恼火起来。

他说："他们就是为了这些玩意儿而输掉了自己的灵魂！"

"不，"我们的农庄主席彼得沙皇说，"我们的灵魂是永远输不掉的，它是无价之宝。但你们呢，代替灵魂的是一身酒气，你们最好去睡一觉清醒一下吧。"

没有同顾利耶夫一起，卡姆科夫独自一人来参加集体农庄的聚餐会，他已经喝得够醉了。

起初，照例是发奖，演说，大家都非常兴奋。后来就吃呀喝呀，大伙儿快快活活跳起舞来。显然，卡姆科夫也抓起了一只杯子又灌了几杯，于是他爆发起来了。他两手扶着桌子站立起来，肥头肥脑的，两眼闪着凶光，头发倒竖，像熊毛一般，开始喊道：

"你们在跳舞，而把安托士卡·顾利耶夫却丢在破茅屋里！你们把自己的贫农的良心丢在破茅屋里了！"

最初大家都不明白他说什么，只看见一个醉汉在瞎嚷。后来坐在他身旁的玛克沁·德米特里耶维奇·戈尔钦柯老爹冒火了。

"你简直不害羞，"他说，"尼古拉·伊凡诺维奇，是谁把他丢在破茅屋里呢？是他自己坐在那里的呀！他的心早已变成富农的心了，如果不再坏的话？寄生虫身上怎么长着贫农的心呢？"

"阿哈，你们这些贪得无厌的人！你们都吃得很饱是不是？"卡姆夫科叫起来。

彼得沙皇忍耐不住，对他喊道：

"你在用什么人的调子唱歌？只有托洛茨基匪徒才唱这些滥调呢！你是从他们那里学来的吗？你大概是想要我们一辈子过贫苦的日子吧？要是我们终身愚昧无知，你大概才高兴呢。"

卡姆科夫就要跟他厮拼。

大家都来制止卡姆科夫，可是没有人能接近他。

他喊道："来，碰碰我的一只拳头！把阿列克沙士卡·乞金叫来吧，咱们来一场搏斗！叫他到这儿来，他太寂寞了！他现在是最穷苦的一个人。"

当他说出这个名字的时候，大家忽然静默下来：还在当年没收富农财产时，阿列克沙士卡·乞金杀死了青年团小组的书记，畏罪潜逃了，直到如今渺无音信。

大家把卡姆科夫扭住，我们的村苏维埃主席谢尔盖·玛克西莫维奇·戈尔钦柯就派人到草房子里去找顾利耶夫，在他家的顶楼上发现了喝得烂醉如泥的阿列克沙士卡·乞金。他污秽不堪，满身疮疥，胡子长得可怕：简直没有一点人的样子。

把卡姆科夫开除出党之后，我们经常还在谈起：这个人所感觉兴趣的不是我们大家伙儿，而是我们的贫穷，并且还流着眼泪歌颂它。当我们成了地球上有权有能的人之后，那么他的全部兴趣就垮台了，他就痛恨我们，自己也就堕落到野兽般的地步了。

代　表

【编者按】刊载于《译文》1953年第6期，署名亚克。原作者为
茨维尔卡。

　　有件什么事使雷夏里斯焦急不安。好多年没有见到铁匠的儿
子安德留斯了，好多年了呵！直到现在村子里的人还在称赞老铁
匠安德留斯·卡尔塔修斯……这个固执的老头儿两只手经常在抓
那烧得发白的铁块。但他的儿子，小安德留斯，大概很多人都忘
记了。只有他幼年时代的朋友雷夏里斯对小安德留斯却记得清清
楚楚。刚刚不久以前，他还指点给同志们看那钟楼墙上所刻的记
号，那是当年他跟安德留斯和一些孩子们每年在那里测量他们的
身长时刻下的。

　　雷夏里斯还可以指出岛边上系船的地方，他同安德留斯曾经
一块乘着破旧的船渡过河去，在那里点起篝火。卡尔塔修斯家的
一棵老苹果树到如今还在那根仅存的枝子上结苹果。他们的房子
连块石头都没有了，可是苹果树却依然活着。无论是乘车的或走
路的过往行人，为了打落苹果，常常拿棍子和干树枝敲它。这棵
树差不多没有了皮，光秃秃地长在那里，但果实还是结的。它那
坚韧结实久经磨练的样子，酷似老铁匠的两只臂膀。

　　雷夏里斯一定要把苹果树指给安德留斯看看……真想知道，
他是不是还认得这棵树？……同时也不知道他是否还认得雷夏里
斯，因为安德留斯现在已经是很有名的人物了，也许想跟他谈谈

话也不大有机会吧？

也许这位苏联英雄对于老拖拉机手的回忆完全不感兴趣？

只要想一想：安德留斯是一位将军……简直令人难以相信：卡尔塔修斯家的安德留斯居然是一位将军！这就是三十年前同雷夏里斯一起在田野和森林里游逛的那个人。

雷夏里斯直到今天还不能原谅他的老婆，因为她去年曾劝他去参加"唱歌节"。好像故意的一样，恰巧就在这一天安德留斯回来访问故乡。后来雷夏里斯虽然用转弯抹角的方法竭力向邻居们打听，可是谁也没有提到说安德留斯问起过他——雷夏里斯来。

这位有名的访问者参观了新的建筑、阅览室和拖拉机场。到乌林斯基斯家里去了一趟，在那里喝了点牛奶，问了问湖上的野鸭子是否还像从前那样多，以后他就走了。他只说现在忙得很，下一次来一定要找一找自己旧日的朋友们。

全村人都跑到乌林斯基斯家去——屋子挤得满满的，大家都想瞻仰一下这位将军。据说，他胸前的勋章可多啦——大大小小挂得连个空地方都没有了。

将军邀请姑娘们给他唱支歌，而那些乡下姑娘却羞答答的，互相用拳头在腰间顶来顶去，许久开不了口。最后她们鼓足劲，唱了一支小曲儿。安德留斯表示感谢并夸赞她们一番，不过他也摇摇头说：从前人们唱的不是这些歌子。

"唉，可惜雷夏里斯没在场——不然他就会唱几支古老的曲儿。"

不是开玩笑——好多年啰！他同安德留斯一块玩的时候还都是未成年的孩子呢，那时正是一九一九年，红军在这一带地方出现……安德留斯立刻参加了红军，从此他们父子两人——老铁匠和他就像石沉大海似地没影了……而雷夏里斯却因为做贫农委员会的书记被到村子里来的白军逮捕了。他们自称为"立陶宛军"。唉，当时这些"立陶宛军"在教堂院子里排成了两行，把整个委员会的人都带了来，把所有的人剥得精光，赶着他们通过队列！轻骑兵就用马枪殴打农民们的脑袋和两腰——把肋骨都打断了。"立陶宛"少校同那教堂执事坐在台阶上，一边喝着茶和白兰地，一边嘲弄着说：

"要平等和友爱就来尝尝鞭子吧！揍这些胡涂虫——把他们打个遍体鳞伤！"

当轻骑兵在对付贫农委员会的时候，这两个魔鬼瞧得真快活啊！

雷夏里斯在地窖里蹲了半年。后来因为年纪还小，算是被释放了。

以后区里只要发生一点点事情：如农民到地主庄园上来要求粮食啦，大清早树顶上高高地发现红旗啦——都唯雷夏里斯是问。警察抓着他，用毛瑟枪敲着他的头说：这是你干的事儿，你这个布尔什维克！……

四〇年红军又回来了。人民把雷夏里斯选进乡委员会。但恶势力并没有打瞌睡：一转眼战争就开始了。雷夏里斯没有来得及走开，那个身穿德军制服的地主的儿子回来了，他把老百姓都赶出来，四处搜捕参加委员会的人。雷夏里斯不得不藏匿在一个可靠人家的一只揉面的木桶里——既不能转身，也不能直腰 一就像瓶塞塞在瓶子里似的。后来在一个隆冬的夜里，这人给他套上一个用白被单缝成的袋子并踏着冰把他送过了涅曼河到别的地方去了。

"噢，在这段时间可体验得不少，见识得也不少啊！"

关于安德留斯将军还要到村子里来的消息，雷夏里斯是昨天在选举区上听到的。这时候全村人都到那儿去开会了——那里摆着收音机，报纸都是刚送来的。雷夏里斯在工作完毕后也去了，那里已经济济一堂：有老头子，青年人，还有中学校的教员们。党小组长一看见雷夏里斯——便向他招手！

"到这边来，别躲在后面呀！"

他把他叫过去之后，就劝雷夏里斯讲几句话。雷夏里斯从来没有在公众面前演讲过，但他既不固执，也不告饶，——党小组长就用铅笔敲敲桌子，宣布说：

"同志们！现在有名的拖拉机手雷夏里斯要给我们说几句关于立陶宛最高苏维埃选举的话。"

当雷夏里斯走上讲台的时候，他觉得连一句话也挤不出来。但当他听到自己在这静悄悄的大厅里说出的第一句话之后，他便立刻觉得不那样胆怯了。

"如果必要的话，那么我们来谈谈吧，"雷夏里斯开始了。"我坐在这儿看到：巴季卡斯站起来讲了三句话，拍一下就坐下了。另一个起来讲话——大伙儿又笑了。我们有什么过错呀，从前谁也没有教过我们讲话。难道有什么人到我们这儿来过，鼓励一个普通人，问问他有什么痛苦和困难，以及怎样受压迫吗？只有警察才常常来访问我们。现在苏维埃政权，老实说，是像教小孩子一般在教我们学走路呢。但是有那么一天——我们在自己的土地上走起来比地主们可要像样多啦，你们等着瞧吧！……"

大厅里热烈地鼓起掌来。雷夏里斯有点不安，把吸剩的烟头丢在烟灰缸里，沉默了好一会。

"现在我来谈谈选举吧。早先受地主统治，你们也没有投票选举过谁。你来看看从前的那张候选人名单，整整有一打人——

每个人的名字都像钱袋一样地响叮当。有一回我看见写着：'农民'。后来我才晓得这个农民原来是科尔戎伯爵领地上的管事。现在我在想：我们应该把什么人送到最高苏维埃去。我这样觉得：如果是一个好的工作者，他在地里种的粮食使大伙儿都够吃；如果是一个埋头苦干的技术员，他能给我们好好地料理机器；一个教师能把我们的孩子教育成人；或者说一位医生，他能有效而耐心地给我们老年人治病，让老年人延年益寿，不让我们的孩子夭折，——要是这样的人，我们就可以把他选为代表！是不是这样呢？唉，而地主的代表，——我已经说过他们是些什么人，若再想要……"

大会上的人以雷鸣般的赞成的掌声欢迎雷夏里斯的发言。坐在桌子旁边的党小组长和其他人等都站起来向他道贺，说他的演说比所有的人都好。散会之后大家要他留下，乡执委会主席请他明天到乡上去。明天的大会上要提出代表的候选人。

"我们提谁呢？"雷夏里斯问。

"唉，你看怎么样？谁最好？去跟拖拉机站上的工人们和加拉布得乡的农民们商量一下，我们来提个最好的人。"

"根本用不着费心思：应该提卡尔塔修斯将军，安得留斯·卡尔塔修斯……他会把我们这里整顿一番，——让我们乡在耕种和计划方面都比别乡高出一筹。"

站在周围的同志们都笑了，雷夏里斯还在不停地热情地证明，全区再找不出比卡尔塔修斯更好的人了。如果选上了将军，雷夏里斯自己就可以当面对他这样说："虽然你是位将军，在我看来你就是安德留斯，你瞧吧，这里的土地养育了你，你是在这儿长大的。我们投票选举你，你就到县里和京城催他们再给我们派一个医生来，盖一所新学校。用当地的水磨来发电。还有……"我们给他安排一些事情，——让他努力去办吧。这对他算什么——他是一位将军，他把哥尼斯堡都拿下来了！

雷夏里斯走出门去的时候听见党小组长对主席说：

"县委会打电话来：他明天中午到。"

"真的吗？"

"真的，我亲自跟他谈过话。不过你得要像接待将军一般来接待他。"

"噢，明天我们要过节啦！大概所有的人都要来的。不过我们留他在哪儿住呢？"

雷夏里斯心里想："好，连我，他的老朋友，都隐瞒起来啦……隐瞒也好——不隐瞒也好，我已经知道安德留斯要来了。如果明天提名候选人——不提他提谁呢？"

刚刚踏入家门，雷夏里斯就喊道：

"安娜，快把房子收拾收拾！明天卡尔塔修斯将军要来的。把我的裤子拿出来熨一熨，要把家里收拾得干干净净，像犁头一样发亮，你懂吗——我们明天要选他当代表。我已经向大家作过一番宣传鼓动了。这样的人才理想呢！你等着瞧吧……"

一大早，天还没亮，雷夏里斯便背起猎枪到湖边去了。从前不论他在岸边走过多少次，在那未被冰盖着的苦艾丛里，总会看到像一些黑点样的野鸭。这常常引起他打猎的欲望，想打它几只。

这时候他向小岛走去。他在丛树后面找到了一块合适的地方，在雪里刨了一个小坑。天已经快要亮了。现在也容易看得见冰上发黑的苦艾丛。坐在这盖满了雪的原野上多么惬意呵！轻微感觉到的赤杨树皮与潮湿的气味在空气中飘散——快要到解冻的时候了。

雷夏里斯决定要使童年时代的朋友满意，——给他打几只野鸭子尝尝。而这个想头还是卡尔塔修斯自己给他的，因为他前次到这儿来的时候还问起过关于鸭子的事。

在岛上的丛树中有鸟儿在叫。这是种什么鸟呢，雷夏里斯不知道，但它那断断续续的叫声听来像是三弦琴琴弦的声音，使人忆起冬天即将完结。

"呵，春天是多么好呀：用犁翻起第一道犁沟，——那真是莫大的快活啊！"

天亮了。可是没有鸭子：它们好像故意躲藏到什么地方去了。猎人又等了个把钟头，他开始觉得有点冷了，鸟儿却没有飞起。他舍弃了这个冰窟，打岛上走过去，心里想也许可以把兔子惊起来。可是兔子也没看到。在最后一刻他算是幸运，碰到一个比较小的冰窟。从狭窄的弯角走下去，他惊起了一群鸥鹩。一下子开枪打落四只。

当雷夏里斯动身转回家时已经过了晌午。他远远望见村苏维埃门口有一辆汽车或是其他什么说明卡尔塔修斯来到的标志。可是他并没有看到这一类东西，于是一直由菜园后面走回自己的小房子去了。

他刚迈过栅栏走近台阶的时候，听见从房子里传出一阵喧笑的声音。

"来啦！"他想道，他的心跳得很厉害。

雷夏里斯决定第一件事是到邻居家里把自己收拾一下。如果需要换衣服的话，可以喊老婆送一套节日穿的衣裳来。但他刚走到出口地方，门忽然打开了，有人用力喊了一声，正是刚才雷夏里斯自己脑子里想过的那个字：

"来啦！"

"咦，孩子们，一，二，三！"

许多只手抓住雷夏里斯，大家动手把他高高抬起。有人夺去他的猎枪；打来的鸟儿和口袋也从肩上滑下来了。他真有点莫名其妙。最后，大家才把他放下来，向他道贺，这时候他才明白是怎么回事，机器拖拉机站的工人和职员，加拉布得乡和希式克尼亚依乡的农民所提出的代表候选人正是他——雷夏里斯。

"卡尔塔修斯将军呢？你们发疯了吗？这是多大的错误。"

"并没有什么错误……"

"等一等，等一等！"——雷夏里斯竭力想在这混乱中插一句话。"主席，你等一下……我的确听见——你昨天说他要来的，而且还要像将军一般地招待他……"

"那是说一个演员的！县委会打电话给我们，要我们像接待将军一般来接待一位歌剧演员。今天晚上我们学校里要举行音乐会。演员顾韬秋斯要来的……"

惶惑不安的雷夏里斯羞怯地微笑了，脸红了，两手一分，提心吊胆地说：

"同志们，你们这是怎么搞的呀！我难道配得上这种荣誉吗？我是一个很普通的人呵！……"

"咦，你别说啦！昨天你已经讲过，我们要选举这样的人做代表，他们能好好地医治儿童和老人，在学校里教书教得好，耕田耕得好，能给我们多打粮食，而你呢，是我们全县的第一名拖拉机手。"同志们对他说。

"等一等，我们已经给你准备好委托书了。"乡执委会主席说。

"什么委托书呢？"雷夏里斯吃惊地问道。

"如果人民选举了你，你就知道该怎么办：到县里去催促他们快点给我们派来一位医生，建造一所新的学校……利用本地的水磨来发电……明年还要……"

"唉，我什么全不懂呀。你们还是算了吧……"拖拉机手企图证明。"卡尔塔修斯将军才是我们所需要的人！"

"将军在别的地方已经被提出来了，你就在我们乡里整顿一番吧……"

人们不让雷夏里斯再说下去，四面八方都在向他道贺，同他握手。

雷夏里斯看见他的老婆在门口，满脸带着幸福的笑容，他忽然回忆起自己的整个一生——在教堂院子里站成两排的轻骑兵怎样用马枪的枪托殴打他，警察怎样一站站地解送他，那时候没有人替他说过话，他为了一块面包替他们栽培花园，耕种田地的那些人谁也没有……

他这时候的感觉是真心热望对同志们表示感谢。

他举目向墙上一望，看见那位有胡须的人在像片上慈祥地微笑，他老人家在遥远的莫斯科也会想到平凡的拖拉机手雷夏里斯的幸福……

"斯大林……"雷夏里斯正要说，但热泪咽噎着使他说不下去。他明白，只用这一个字就可以表露出每个人心头的一切了。

舍格洛沃车站

【编者按】刊载于《译文》1953 年第 3 期，署名亚克。原作者为安东诺夫。

接到错车小站的通知：客车已经开过去了，舍格洛沃车站站长瓦西里·伊凡诺维奇就从桌子旁边站起来。

正是夜间二十三点。值班室里一盏带有洋铁圆盘的煤油灯微弱地发着光。套在薰黑的玻璃灯上代替灯罩的一块碎报纸歪斜地耷拉着，烧焦的纸的气味弥漫了一屋子。一只笨甲虫在天花板下面慢慢地飞来飞去，碰到脱落的壁纸，碰到上面有划掉日子的月份牌就跌落在地板上了。

瓦西里·伊凡诺维奇把制帽向上面空中一抛，几乎触到天花板，然后紧闭着厚嘴唇把头凑上去接。帽沿碰着他的头顶，他好容易才用两手把帽子接住。然而这并没有使他苦恼，他再把制帽一抛，抛得比先前低了些，这一次帽舌碰着他的宽而扁平的鼻子，拍的响了一下。

瓦西里·伊凡诺维奇忽然想到会有人偷看他，那孩子式的面孔上，顿时添了一种严肃的表情。他向窗外望了望，但黑黑的玻璃外面什么也瞧不见，看见的只是他的透明的反影。

他就这样望着窗户，戴上帽子，用两手把帽子扶歪一点，燃起提灯就走到月台上去了。

黑暗中看不见的森林在铁路的两边单调而忧郁地吼着。风吹来一阵湿润的菌子气味。门边的钟轻轻地响着。

十分钟之后，远远地有一颗明亮的星在蠕动，逐渐逼近了，变大了，分成了三颗，这三颗星也慢慢变大了。汽笛的声音叫起来了，于是空空的堆栈上开始传出火车轰隆前进的回声。最后，喷散着温暖的水蒸气、照亮着蓝色烟雾的车头过去，紧接着一方方明亮的窗影也飞快地闪过去了。

火车停了，堆栈上的回声也静下来，在刚开始的平静中，车厢底下的制动机吱吱发响。

瓦西里·伊凡诺维奇走近女乘务员，她像人们拉着小孩似的手里拿着提灯。

"你好，娜嘉。"他说。

"你好，瓦西尔·伊凡内奇①。"

"唉，在莫斯科怎么样？"

"很好，谢谢。正在上演一部新片子——《春天》。可笑的片子。两个人爱上了又闹翻啦。"

黑暗中看不见她的面孔，但瓦西里·伊凡诺维奇不敢把提灯举起来：因为他若照着她的眼睛，娜嘉会生气的。她说话很快，常常减缩并去掉一些字眼，从她的声音里可以猜到她在微笑。

"如果他们有真感情，那就不会闹翻了，"瓦西里·伊凡诺维奇说，"真感情是从不辜负人的。"

"我们误点了吗？"娜嘉问道。

"误点啦。误了十二分钟。"

"真这样！唉，没关系！我们会赶上的。佛罗内兹没有让我

---

① 即瓦西里·伊凡诺维奇。——译者注

们准时进站，耽搁了一会儿。加弗利拉·斯捷潘诺维奇在开车。我们会赶上的。你这儿怎么样？"

"没什么。马马虎虎。如果他们之间有真的感情……"

刺耳的汽笛叫了。娜嘉走上小台阶。汽笛又叫了一次，火车头一震就开动了。紧接着车厢也顺次动起来。明亮的方形窗影顺着木牌滑过去，沿着白天看不出的站台上不平的地面溜过去，一个接一个跳下了月台的斜坡。

送走列车之后，瓦西里·伊凡诺维奇就回到站上。

他走进一间大屋子。屋子里挂着一张战时的宣传画，摆着一只笨重的橡木长椅，这是革命前铁路局的椅子，靠背和坐垫上都有小窟窿。在长椅的一角，在经常坐的那块地方坐着转辙手尼基佛尔的儿子，十五岁的科斯契卡，他刚收到一些邮件。

"收到什么啦？"瓦西里·伊凡诺维奇问。

"还有什么呢！报纸和信。"

"给依奥诺夫的信吗？"

"还能给谁呢？是给他的。"

依奥诺夫，站长的助手，差不多每天都接到同一种信封的来信。

瓦西里·伊凡诺维奇叹了一口气。

"如果有人问我，就说我在值班室里。"他说。

"有谁会问呀？"科斯契卡回答。

真的，没什么人会问的。这儿离村子有十六公里，宿舍里的人早都睡了，而除了转辙手尼基佛尔还在过轨口的岗棚里，此外哪儿也没有人了。

"你别乱唠叨啦，唠叨些什么呀！"瓦西里·伊凡诺维奇气虎虎地说，"把《汽笛报》给我。"

科斯契卡实在不明白，为什么每当客车经过之后站长总是要发脾气。站上的事情，科斯契卡差不多都很清楚。他会搬转辙器，会点信号机上的灯，照他的意见站上留九个人完全是不必要的：如果学会电话联系，那么，科斯契卡和尼基佛尔两个人就可以把全部事务担当起来。

但是站长很滑头：当科斯契卡问他关于联络和信号设备的时候，他回答得既复杂又不容易懂，把事情搞得更糊涂，总不愿意说出自己的本事。

科斯契卡提起一条腿来把另一条腿擦了擦，瞧了瞧宣传画。窗外森林单调地喧嚣着。

"我是舍格洛沃，"由门内传出拖长的声音，"我是舍格洛沃。站长莱勃罗夫。四十四次车二十三点零八分开过去啦。"

科斯契卡想了想，停了一下，毅然地握着把手，用肩推开门走进了值班室。

瓦西里·伊凡诺维奇正在行车簿上登记什么。

"门上写的什么呀？"他说，但并没有抬起头来。

科斯契卡一声不响。

"门上写的什么呀？"

"怎么？不行，那我就走，"科斯契卡抱屈地回答了一声，向门口走去了。

"哪儿去？你可以呆一会。只要在我旁边不作声就行了。别妨碍我注意力集中。"

"那我就不作声好啦。"

"这就对啦……今天，多半你又跟依奥诺夫去采菌子了吧？"

"去采了。"

"你们到湖后面的小丘上去过吗？上星期那里一棵松树底下

长了三十六个。"

"当然，去过了。"

"你们真是游手好闲……白菌子很多吗？"

科斯契卡很满意站长这种健谈的情绪，想开始来谈谈，但忽然电话铃响了，瓦西里·伊凡诺维奇摆摆手要他别说话。

"科里来的，"瓦西里·伊凡诺维奇一边取下听筒，一边说，"正在同各个小站谈话。"

"同时跟各个小站谈话吗？"

"同时跟各个小站谈话。"

"这怎么搞的？"

"很简单。行车调度员用的直通电话机上有一个循环呼话器。他把这个呼话器的键子一扭，通过呼唤电流的冲击传达到各个小站去，他就由这大理石的扩音机传达命令。明白吗？"

"不明白。"科斯契卡回答。

"就是这么回事。这不像你采菌子呵。"

白天一列接一列的货车开过舍格洛沃车站，每列都长达半公里有余，有开底车、冷藏车、斗车、写着"适于载粮"的车、油腻腻的油槽车。这些列车有的运着在阳光下发亮的煤炭，有的运着管子、木板、钢架，有的运着大卡车（两节平车上载着三部），有的运着好像波浪冻结住了似的装修建筑物表面用的大石头。

司机助手在火车开动的时候灵巧地接着路签。使整个车站受到震动的沉重的列车，顺着主要路线开过，但是速度毫不减低，车尾卷起一阵灰尘。

瓦西里·伊凡诺维奇出去迎接货车，他只把制服仔细察看了一番，而对头上的帽子却不太注意。

经过三昼夜，客车在午夜二时十分回转来了。

"你好，瓦西尔·伊凡内奇！"黑暗中听到这个声音。

"你好，娜嘉。在罗斯托夫怎么样？"

"很好，谢谢！那里的房子，记得吗，我给你讲过，已经完全修好了。我们车上有一个水手乘客。他是个有趣的人。他讲他曾经怎样同一个德国人在水里搏斗。"

"扯淡！水手们都是些瞎胡闹的人……"

"在里哈亚又给我们挂上了两节车……"

"利用你们不熟悉海上的情况，他就乱扯一通。"

"这两节车上的乘客是到莫斯科去的运动员。"

"你问问他，如果轴承座烧起来该怎么办，他也会胡扯一通。他们是些乱扯的能手。"

"为什么你要对他生气呢，瓦西尔·伊凡内奇？从来没有见过的人，你也要对人家发脾气……"娜嘉说。

"不是这么回事，娜嘉。请你原谅，这当然不大好，"瓦西里·伊凡诺维奇忽然着急起来，"但火车只停一分钟呀，娜嘉……我不该马上来惊扰你，可是火车只停一分钟就……"

"大概该开车了，站长同志！"列车长忽然想起了列车。

"到时候了，开车吧！"瓦西里·伊凡诺维奇回答。火车动了。娜嘉说了句什么话，但在汽笛声中听不清楚。瓦西里·伊凡诺维奇跟在火车后面走了几步。

"对不起，您是站长吗？"他背后有人这样问。

他惊奇地回头一看。后面站着一个小老头儿，戴了顶边儿向下垂的帽子，手里提着皮箱。

"我就是，"瓦西里·伊凡诺维奇回答，"您打哪儿来的？"

"刚从车上下来，来看您的。"

老头儿把箱子放下，一边咳嗽。

"您没有弄错吧？这是舍格洛沃车站呀。"

"正是要来舍格洛沃车站，"小老头翻了翻皮夹子，找出一封信来。

信封里装着两张信纸，用回形针夹着：一张是光滑的，上面有路局局长旳印记，另一张是粉白纸，在灯光下可以看见用墨水写的"核对无误"几个字。

在值班室里才读了这封信：命令站长莱勃罗夫于七月十四日将车站事务交予新任同志，并赴普里顿调车站，执行行车调度员的职务。

"十四日，"瓦西里·伊凡诺维奇惆怅地说，"今天已经十五号了……写得也……"

清晨，所有职员都来帮自己的站长收拾行李，科斯契卡第一次看到站长有照相机，足球球胎，篇页脱散了的一本《钢铁是怎样炼成的》，十分奇怪的是还有一个打野鸭时用的哨子。瓦西里·伊凡诺维奇按年龄长幼和所有的人一一告了别，就乘车到普里顿车站去了。

他不喜欢这个新地方。他的工作是保证对煤矿上供应车皮，调度运煤列车。

整天价像发神经一样乱喊乱叫的人们，敲着小窗子，摇着纸条，而他呢，却用肩头和耳朵夹着电话听筒，尽是签字，接电话，骂人。

电话铃不断地响着。一处煤矿通知说车已装好，另一处又要求火车头；忽然有人由"二十一号矿"来电话，用演员的声调说："煤炭已经堆满了，再没有地方卸煤了。要向法院告你们这种岂有此理的作法。你叫什么名字？"——想痛骂他一顿吧，又不知道这说话的是谁，真没法子。

交班之后瓦西里·伊凡诺维奇回到自己的房间，倒在床上，把《汽笛报》往脚边一丢，默想着安静的舍格洛沃车站。

他回忆起晴朗的夜晚，当大厅里橡木长椅上坐着依奥诺夫、科斯契卡，还有另外两三个人的时候，转辙手尼基佛尔就用极低微的声音讲述他在德军占领区打游击的故事。看见走进来的站长，尼基佛尔便默不作声，而且惘然地带着询问的神情望着他。

"继续讲下去吧。"瓦西里·伊凡诺维奇通常总是这样说，虽然他也很想听听尼基佛尔的故事，可是他却装模作样地经过这儿走进了值班室。

他回忆起黑暗的冬夜，站台上吹着大风雪，风把雪吹得好像一层薄纱似的飘过了铁轨，森林里的狼闪着眼睛，尼基佛尔敲响站上的钟来驱逐它们。

他回忆起装着秋千架的小花园，糊壁纸脱落了的值班室，回忆起跟娜嘉的谈话，这些谈话从来没有一次谈完过。

两星期之后他写了一份报告，请求恢复他从前的工作。局里没有批准。

又过了一星期，科斯契卡寄来一封信。科斯契卡在信上写着：他们那里一切都照旧，苹果已经熟了，脆得像生炒的土豆一般，而且很好吃。科斯契卡的信本身都带有点苹果气味。

"我简直糊涂了，"瓦西里·伊凡诺维奇想道，注视着直通电话机上的小灯泡，"这时候要住在舍格洛沃就好了，把屋子隔成两间，窗户面对着花园，这样，树枝就会碰到玻璃上。然后，跟娜嘉结婚。她大概会同意的。她怎么会不同意呢？"

他又写了一份报告，这次他算幸运：小老头病了，舍格洛沃站长的位子空下来。

瓦西里·伊凡诺维奇很快地准备动身。也没有人送他：在普里顿车站他没有交上一个朋友。

他来到舍格洛沃，正是娜嘉的四十四次车要由莫斯科开来的一天。

车站上的确像科斯契卡所写的那样，一切都照旧：在蓄满灰尘的刺槐树丛后面，看得见涂着黄色的车站的房舍，站台旁边竖着路灯，这路灯是在客车来到时才点的，大厅里那只长椅还摆在原来的角落里。

第一个看见站长的是尼基佛尔，变得非常消瘦的站长使他大吃一惊。老朋友们，职员们在站台上把瓦西里·伊凡诺维奇围起来。大家都劝他休息两三天，去钓钓鱼，或者到村子里尼基佛尔的亲戚家住两天。但是他坚决拒绝，既不去钓鱼，也不到尼基佛尔亲戚家去，他通知依奥诺夫说，他今天夜间要亲自接四十四次车。

瓦西里·伊凡诺维奇在原先住的那间屋子里安顿妥当之后，就到值班室里整理一番：把铺在桌面上的硬纸翻过来，在月份牌上用小十字划去了三十二个日子。

晚上科斯契卡偷偷地告诉尼基佛尔，说站长有点失魂落魄：不晓得为什么他在花园里整整蹓了一个钟头，用脚步量着地，后来站住了，他呆若木鸡似的对开水桶说："火车停一分钟，我爱你。"

二十三点十五分客车到了。

夜是黑暗的，没有星星也没有月亮的漆黑的天空，看来好像一直低垂到地面。

瓦西里·伊凡诺维奇破例有点发慌，走近了列车。

"哎，在莫斯科怎么样？"他问道，甚至连问候的话都忘了。

"什么在莫斯科，朋友……土豆子跌价了……"女乘务员打了个呵欠。

瓦西里·伊凡诺维奇举起提灯。在某号车厢门口，一个戴着拖到耳边的无沿帽的女乘务员在打呵欠。

"娜嘉在哪儿？"瓦西里·伊凡诺维奇问。

"什么娜嘉？根本没有什么娜嘉。"

瓦西里·伊凡诺维奇想了想，他也许算错了日子。娜嘉大概明天随着下一趟四十四次车来。

"噢——"女乘务员最后才猜到了，"是的，是她，我代替了她的职位啦。朋友，她现在到训练班去学习了。"

"什么训练班？"

"天晓得是什么训练班，大概是：列车长训练班，也许是更高的什么长训练班吧。她离你可远了。"

"你误点啦，"瓦西里·伊凡诺维奇严厉地说。

"这又怎么样？朋友，你不该对我说，应当对司机说去。这事我负不了责……"

她又愉快地打着呵欠。

瓦西里·伊凡诺维奇默不作声，他觉得火车这一次停得特别久。

最后，缓冲器一个接一个地响起来，列车开动了，一节一节的车厢飞快地滑过去，压过了铁轨上的转辙器。车尾的红灯像一小块烧红了的炭，向远方飘去。

喇叭声响了——这是尼基佛尔在过轨口上发布信号，列车已经顺利地通过车站。

黑暗中火车头的汽笛嘶声高叫，在沼泽森林中像是有几十部车头一个接着一个地在响起回声来。

红色的点子慢慢地远了，后来好像是停止在一个固定的地方。

"错觉呵，"瓦西里·伊凡诺维奇说，并且叹了一口气。

无烟煤的温暖的气息在冷空气中消散了。小红灯突然熄灭了。森林的静寂笼罩了整个车站。

瓦西里·伊凡诺维奇倾听着这种寂静，他忽然明白，困难、幸福和丰富的生活如何迅速地从他的身旁飞过，生活拼命要把他带走，而他呢，不知道为什么却停步不前……

瓦西里·伊凡诺维奇走进了大厅，向四下望了望。科斯契卡还拿着报纸坐在长椅上。

"咴，怎么样？"瓦西里·伊凡诺维奇说。"你就这样把青春坐过去吗？你想我就会这样一辈子来照顾你们吗？上级要任命依奥诺夫代替我，你呢，该向他学习学习。走吧，我来告诉你行车登记簿怎样填写。"

科斯契卡并不奇怪。客车过去之后，站长总归要发脾气的。

古老的故事

【编者按】刊载于《译文》1954年3月号，署名亚克。原作者为米哈依尔·萨多维亚努。

在一个秋高气爽的日子，我们路过北辰山斜坡上的一片葡萄园。温和的太阳辉耀着金黄色的光芒，风微微吹动着，飘来一阵林中树脂的馨香和收割过的田野的气味。

我与史特番·列乌律师结伴而行。他还记得一八四八年的事情。我们一同坐在他的宽敞舒适的带有软弹簧的马车上，这车上的弹簧，史特番喜欢戏谑地管它叫作"老头子享用的弹簧"。一对白马在碎石砌成的道上轻快地跑着。我们的驭者是一个灰白胡子的老头儿，年纪与史特番相仿，滔滔不绝地跟他的两匹"蛇"谈着话。在平路上他劝告它们，上山时就催逼它们，在下山呢，却又咒骂它们。

史特番·列乌沉思地向四周望望，脸上带着微笑。我们驶近了一个镇市，史特番老人把这个镇市叫做"我的官邸"。但因为今天天气太好，我们车上在脚边又有一篮子美味的食物，所以决定不在这儿停留了。

"我们不上'官邸'去了，伊里亚！……"史特番老人喊道。

驭者抖动一下缰绳，点了点头，表示同意。

现在我们驶上斜坡，这斜坡看来仿佛没有止境似的。谷中的那个镇市已经留在后方了，在我们的右前方，在一些小小的山丘之间，隆起一座生满了野灌木林的小丘，在灌木丛中远远看出有几株瘦矮的、像因疼痛而弯着身子的李树。小丘斜坡上的杂草中间歪斜地竖着两个石制的十字架。忽然从路边飞起了一群鹧鸪，在十字架顶上回旋了一阵，沙沙地散落在灌木丛里；这些胖团团的鸟儿落在李树枝头，接着，又展开了微弯的翅膀，滑翔地飞向十字架去。

"为什么这里会有李树和十字架？"我很感兴趣地问道。"大概从前这儿是一片坟场吧……"

"是坟场，"老人把白胡子转向我，他的浅蓝色的眼睛闪着光，"但不是你所想象的那种坟场。早先这个地方有一座县里的绞刑台……我还见过那个著名的刽子手加弗利克，他曾在这儿绞死过一个女人……这事我记得很清楚……后来人们在此地栽了一些树木，竖了两个十字架，但地方越来越荒废了，再过些时就不会有人认识它了……"

我转过头去，仔细地观察一下这个旧日的刑场。这地方又静寂又荒凉。

"你愿意我把这个故事讲给你听吗？"史特番·列乌忽然活跃起来。"事情是很有趣的，我记得清清楚楚……那时我还年轻，在政府机关服务，并且行刑时我也在场。"

事情的经过是这样的。在这里被绞死的那个少女，原是她的父亲强迫她嫁给一个富农老光棍、村长戈奥尔格·提摩甫契叶的。她曾经反抗，不同意，但是一个姑娘家有什么办法呢？她说她爱别一个，恳求她的父母，但她的父亲却把她打了一顿，婚礼还是举行了，而且很有排场……这些事是我后来才晓得的。请听我讲下去。结婚之后不到一年，又一次在圣伊利亚节日，村长同着自己的妻子从市集上回家。忽然在那边小丘近旁，从矮树林里走出了一个年轻的汉子，跳上了马车，向戈奥尔格扑去。做妻子的马上站起来，由那人手里夺过一条木棒，照着她丈夫的脑袋就打。以后发生些什么事我就不知道了。他们打死了提摩甫契叶。把死者丢在马车里之后，他们便藏匿起来了。他们一起漂泊了两个星期，后来在山上林边某处的一个茅屋里被逮住了。

以后就在这里，他们犯罪的地方举行了审判。首先讯问他们的口供。因为职务关系我也参加了审讯。事情的经过我记得非常清楚，因为在我一生中还没有遇见过类似的情形，虽然，你看，我已经是个老年人了。

一开始，审判官传讯安妮查，被害者的妻子。

这是一个二十岁左右的少妇，身材不高，娇小玲珑，黑黑的脸，浓重的眉毛稍稍蹙起。当她讲话的时候，鼻孔微微翕动。她身上穿着紫色的羊皮短外套，红裙子，头上包着绿色头巾。她脚上穿着一对小靴子，靴子上钉着铜后跟。安妮查走过来，直望着审判官，把右手举在眼边，然后放下来，两手手指插在一起站立在那里。

老审判官吉祖——他已经去世多年了——对她的美丽和那一对聪明而富于表情的眼睛大为惊异，简直不能相信这样的女子会杀死人。

"说吧，安妮查，说老实话，你的丈夫是你打死的吗？"

"老实说，审判官大人，是我打死的。"

"为什么你要打死他呢？他对你怎么来着？"

她瞥了一下周围的人群，用右手擦了擦前额。

"我杀死他，敬爱的审判官，是因为我再也不能跟他一块生活了……我爱的是别人！……"她颤动一下，好像是在打寒噤。显然，她在竭力压抑着眼泪，不停地挤动双眉。"我吗？……我原不愿意嫁给他……我在结婚以前就说过我爱伊奥尼采·斯培塔鲁。但我的父亲和母亲对这事连听都不愿意听。他们把我推倒在地，痛打了我一顿。我有什么办法呢？他们说要杀死我，要拿刀子插进我的喉咙……当时我屈从于父母之命……嫁给了戈奥尔格·提摩甫契叶。而斯培塔鲁呢，却做牧人去了。"

"你跟你丈夫过得怎么样？"

安妮查低下了眼睛。

"莫非你跟他日子过得不好吗？或者他打过你？"

"老实说，"女人轻轻地说，"我讨厌他！我无法跟我所恨的这个老怪物在一个房子里生活！夜里他尽咳嗽。我厌恶他……那时候戈奥尔格·提摩甫契叶就打我。我告诉过他，说我爱别人，不愿意跟他一块儿生活……但是他说：'你是我的老婆，只要我愿意，我就可以打死你。'但是我无法跟他过日子呀。"

大家都沉默了。老审判官凝视着她。安妮查站在他的面前，她那深暗润湿的眼睛向一旁望着，两手用力地揉着。

"那么，后来呢……说吧，是斯培塔鲁用木棒打他的吗？是那样的吗？是吗？"

"不是，斯培塔鲁没有打他……在市集上看到了伊奥尼采，我好像失掉了魂魄……我劝我丈夫回家去……他不肯走，我们一直呆到傍晚才动身回去……当我们走进树林的时候，忽然伊奥尼采出现了，他向提摩甫契叶奔来……我推开了伊奥尼采，双手握着木棒朝我丈夫头上打了几下。他是我打死的！……"

"这么说，是你打他的？是你？真的吗？你有这么大的力气打破人的脑袋吗？大家都说，他是斯培塔鲁打死的。"

"不，敬爱的审判官，他是我打死的！……是我打的，是我打死的……"

她用一种抑郁的声音说完这最后几句话，划了个十字，凝视着审判官。

"后来呢？"

"这就是全部经过……后来我就和伊奥尼采逃跑了，我爱他胜过世上的一切。"

这时候那个牧人被押入审判场，那是一个年轻漂亮、体格匀称、像棵白桦树般的小伙子。她向他伸出两手喊道：

"你也来证明一下吧，伊奥尼采，他是我打死的。我用木棒打了他……"

她那一对充满柔情的黑眼睛目不转睛地盯着他。

伊奥尼采·斯培塔鲁低下眼去，开始慢慢地拭眼泪。

法庭将他判处十年劳役，将安妮查判决绞刑。就这样决定了。当刽子手加弗利克·布查图到来在高地上架起了绞刑架之后，全区的人像赶集一样都来了。人们挤得水泄不通。武装的兵士好容易才挡住人群。安妮查的父母，两个老人也来了。那两个不幸的人也来了。父亲穿着节日的衣裳，干净的衬衫，母亲穿着长袍，头上包着头巾。当命令要给安妮查套上绞索的时候，他们两人放声大哭。她是他们的独生女儿。在那些来看行刑的女人和姑娘们中间没有人能比得上她漂亮，她是她们之中最美丽和最温柔的一个。

神甫来了，他替她忏悔。我不知道他对她说了什么话。我就像现在看见她一般。她穿着紫色的短皮外套，红裙子，包着绿色头巾，脚上穿着一双钉有铜后跟的小靴子。在行刑之前她转向人群，举起两手说道：

"善良的人们呵，请原谅我！……"

"上帝会原谅你的！"大家这样回答。

她的父母号哭着说：

"安妮查，安妮查，你干出这样的事来！你简直使我们在众人面前丢尽了脸！"

她看到了母亲和父亲，便转向他们，浑身在发抖，——这时候刽子手在整理绞索，——她高声骂道："愿上帝不给你们好死！……为了我，你们要受到惩罚的……"

一阵死一般的沉寂。她又惋惜地说：

"唉，我多么想活在人间呵，可是，看来，我没有这个福气！"

她用两手蒙着脸。她的哭泣只继续了几秒钟。大家都呆立不动。她的最后的几句话像一股热气吹在人们的脸上。

刽子手把绞索套在她的脖子上。她一动不动地站在那里，垂着两手，紧皱着眉头向四周瞭望。

绞索拉紧了……

史特番·列乌沉默了。

"站住……"过了一会他突然说。

马停住了。

我们转身长久地望着那个留在后面的长满灌木和矮树的小丘，上面有一些孤独的被人遗忘了的坟墓。在那即将来临的秋天特有的凄惨的孤寂中，有一只老鹰雄伟地展开了它的翅膀在天空飞翔。

第五辑

《沙逊的大卫》俄译者序言

【编者按】载于桂林萤社 1942 年出版的《沙逊的大卫》书前，署名亚克。原作者为弗拉季米尔·捷尔热文。

阿美尼亚人民底千年的史诗《沙逊的大卫》，由理想的深刻与形式底丰富和调和上看来，是一篇无比的诗歌文献，是全世界最伟大的民族史诗之一。

史诗底基本主题，是描写阿美尼亚人民反抗外国侵略者阿拉伯人的斗争。

史诗是叙述"伟大的沙逊家族"四代英雄们底历史的故事，与此相适应的，它是由四个部分所组成的。

第一部叙述的是关于这个英雄家庭底先祖，关于和阿拉伯侵略者斗争底开始。

为着要得到美丽的索维娜尔公主（阿美尼亚皇帝卡济克底女儿），卡里夫（阿拉伯王）攻入了阿美尼亚。为了拯救祖国，索维娜尔愿意牺牲自己，答应做卡里夫底妻子。在到卡里夫那里去之前，她喝了两掬从海底喷出来的"甘泉"的水———一掬是满的，一掬是不满的。由满的一掬就生出了英雄萨纳沙尔，由不满的那一掬生了巴格达沙尔，勇士，但他只及得萨纳沙尔底一半力量。哥儿俩在卡里夫那里过着奴隶的生活，直到长大成人。离开了卡里夫，他们用堆积起来的岩石建筑了牢不可破的城塞———"沙逊"，就是"激怒"的意思。

萨纳沙尔从"火"的海底下取出了嘉拉利马、雷光剑和甲胄来，这些都是沙逊族代代相传的战斗资产。喝了"无穷力之泉"里的水，他就成了无可形容地强有力的人物。

对卡里夫复仇之后，两兄弟就同自己的母亲和叔父开利·托罗斯在沙逊城住定下来。沙逊也就变成了一座"大城"，在这城里没有谁向谁征收租税。

两兄弟为了人民底福利建立了许多功业。萨纳沙尔和卡叶皇帝底女儿结了婚，生了三个儿子：第一个叫维尔果，他是那样怯懦，"对任何事情都不中用"的人；第二个叫金诺夫·奥乾，一个粗声暴气的叫嚣人物，每在他大叫之前，他要用七张毛皮和七条链子把自己捆束起来，以免挣裂。第三个儿子叫穆格尔——真正的英雄，史实底第二部叙述的就是他的事绩。

当十五岁的时候，穆格尔就杀死了一只使全国限于恐怖的狮子。萨纳沙尔底嘉拉利马和雷光剑传给了他。穆格尔喝了"乳泉"和"无穷力之泉"的水，变成了同他父亲一样强有力的人物。他杀死了恶人"白德夫"，解放了美丽的阿尔玛甘，她就做了他的妻子。他战胜了阿拉伯皇帝密斯拉麦立克，而密斯拉麦立克因慑于穆格尔底威力，提议和他修好，和平共处。

密斯拉麦立克死后，他的妻子、寡妇伊丝密尔，依照条约的规定，就做了穆格尔底妻子。她和穆格尔生了一个儿子，就是小密斯拉麦立克，从小他的母亲就给他灌输了对沙逊族的仇恨。发觉了这个之后，穆格尔就从阿拉伯的密斯尔，回到自己的祖国来。在这里他同阿尔玛甘生了一个儿子，叫做大卫——史诗中最大的第三部里的英雄——全部史诗就以他的名字而得名。

穆格尔死后，阿拉伯人民又征服了沙逊城，并课以很重的税。

孤儿的大卫生长在密斯尔，在他的同父异母的哥哥密斯拉麦立克那里过着奴隶的生活。密斯拉麦立克把这小孩在监狱里关了四年，为的要使他忘记了太阳，忘记了世界。七岁的时候，大卫已经强壮得使密斯拉麦立克感到危险。他派人送大卫到沙逊去，命令在半道儿上把他杀死。但这个企图并没有成功。大卫得了胜利。

沙逊的人们最初看不起这个小勇士。他们教他去做牧童，但他也做不了一个好牧童。在非常幽默的"牧童大卫"这一章诗里，描写着大卫怎样分不清小山羊跟兔子，母牛跟熊和狮子，而从"七重山"上把野兽和家畜一齐驱入了沙逊城，几乎吓死了城里的居民。大卫用英勇的行为，取得了人民底敬爱。他驱逐了恶党和盗匪的德夫人，而把被德夫人所掠夺的财物归还了沙逊人。

他粉碎了密斯拉麦立克派来惩罚他的荷尔巴士和科斯巴金的军队。当时密斯拉麦立克决心要灭绝这个不顺从的沙逊城并且要杀死大卫。叙述这回事情的那一章诗叫作"大卫和密斯拉麦立克的战斗"：它是伟大的史诗底理想的中心和诗歌的顶点。这里要介绍给读者的就是这一章诗。

在决斗中杀死了密斯拉麦立克和从侵略者底压迫下解放了祖国之后，大卫和美丽的女勇士汉都特结了婚。他生一个儿子，就是小穆格尔，史诗第四部里的英雄。穆格尔底先人——萨纳沙尔、老穆格尔和大卫——与侵害他们国家的外国侵略者奋斗了终生，而大卫底胜利完成了这个长久的斗争。他们的性格是刚毅单纯而且高贵的，就像他们的斗争是为了自己的民族利益，为了他们全体生活底命运和保障一样。

穆格尔由自己的先人继承了英勇的和深挚的博爱的特性。在童年时候他已经是非常强壮的人了。从出生的那天起一直到七岁的时候，他没有看见过自己的父亲大卫，因为大卫到乔治亚和阿塞尔拜然去为四十位勇士寻找未婚妻去了，这四十位勇士是与他同时向汉都特求过婚的，因汉都特爱大卫，所以就拒绝了他们。

七岁的孩子穆格尔走去寻找他的父亲。见面之后，因为大卫和穆格尔互相都不认识，两个人就开始斗起来。大卫由对方的金镯子上认出了是穆格尔，并且对儿子发誓，希望穆格尔是个永远无后的人，因为他在最初会面就威吓了他的老子。

大卫被他和赫拉特城的女王秦世契·苏丹所生的女儿逆杀了。晓得他被害以后，汉都特就从塔上跳下摔死了。为了替父亲复仇，穆格尔人杀死了秦世契·苏丹，毁灭了赫拉特城，甚至杀害了赫拉特城里最后的一只猫，使他所憎恨的城市荡然无存。

憎恨一切虚伪的、具有骑士风般正直的穆格尔毁灭了寺院，在那里曾经住过叛逆的僧侣。由于他的妻子戈阿尔底请求，他扑灭了"西方的"军队，解放了他妻子底祖国。他杀死了科斯巴金的子孙，怕他们长大来围攻沙逊城；杀死了女食人者，她几乎吃尽了阿烈普城底全体居民，甚至连自己的父母都吃掉。穆格尔把泛滥着破坏了德兹拉城的狂暴的河流，区分成两条支流，把大的岩石投入河里，保住城池不受水灾的侵害。

这样，在巡视各地的时候，为了人民的福利，穆格尔完成了许多伟大的功业——解放了被迫害的人们，消灭了压迫者。穆格尔热烈地希望消灭人间的一切丑恶、不公和压迫，而使每个普通的劳动者都能过着快乐、富裕和自由的生活。但丑恶仍然是很坚强而不可根绝。

穆格尔底理想，只在隔了千年以后，随着十月革命的胜利才得实现了。十月革命带给了苏维埃领土上各民族无阶级的社会，在这个社会里，每个劳动者都享受着自由、平等和幸福的生活。

苏联卡尔美克的文学艺术

【编者按】载于《文艺阵地》1942年第6卷第6期，署名亚克。原作者为采陵·列季诺夫。

苏维埃卡尔美克的文学和艺术是伟大的十月社会主义革命所产生的成果。起初卡尔美克的文学不过是一些最初的革命歌曲，这些歌曲是在内战的烽火和暴风雨中为卡尔美克骑兵队的战士们所创和歌唱的。

卡尔美克最初的诗人之一阿·苏塞也夫在他早期的诗歌里，歌颂了内战时期的英雄——具有战士的刚毅和勇敢的贫农阿拉尔坦的功绩。

现在的成年诗人已经能够创作长篇的诗歌了。苏塞也夫的《草原之子》就是利用卡尔美克民间丰富的传说，在史诗《江加尔》的直接影响下写成的。

苏塞也夫所作的剧本《奇希格哈维尔根》（"幸福的需求"），描写的是卡尔美克的内战情形。这个剧本画出了卡尔美克人对于"崩巴"国[1]的千百年来的幻想，讲出了人民在苏维埃制度下所获得的幸福。老年的江加尔歌者[2]——剧中的主角——对游击队的战上们说：在同劳动人民的敌人战斗中，江加尔的英灵鼓舞着他们。

---

[1] 卡尔美克人所理想的极乐国。——译者注
[2] 史诗《江加尔》的行吟诗人。——译者注

诗人加拉·夏尔布洛夫年纪很轻，他在一九三八年才开始写作。根据着民间的诗歌他写成了多行的原作的叙事诗。夏尔布洛夫很熟悉俄罗斯作家的高超的技巧，并且翻译了许多作品。被他译成卡尔美克文的有普式庚的《甲必丹的女儿》和一些抒情诗。此外，还有莱蒙托夫和谢甫青科的诗篇。

在最近两年间又产生了新的天才诗人如：多尔基也夫，库古耳提诺夫，季尔利也夫，开克却也夫等。库古耳提诺夫现在还是卡尔美克教育学院的学生。这是我们最年轻的诗人。在他的诗中充满了热情和青年气概。他的优良教师也是《江加尔》和民间的诗歌。

政府对于庆祝史诗《江加尔》五百年纪念的决定，鼓舞了卡尔美克的作家们创作直接与史诗有关的作品。剧作家巴山戈夫根据《江加尔》写了一篇歌剧《崩巴国》。曼季也夫根据《江加尔》写了诗剧式的歌剧《为祖国》。诗人夏耳布洛夫、鸠留季也夫、多尔季也夫、开克却也夫、库古耳提洛夫、尹季也夫、苏塞也夫等都写了或者表扬《江加尔》或者关于《江加尔》的诗、歌和长篇叙事诗。

以革命歌曲开始，又广泛地利用民间创作的卡尔美克的苏维埃文学，是与伟大的俄罗斯文学和世界文学紧密地联系着的。卡尔美克的作家们学习着美文学的伟大的古典作家。翻译工作在我们作家的创作工作中占主要的地位。卡尔美克人民可以用本国的文字来读：莫利哀、席勒、莎士比亚、海涅、普式庚、莱蒙托夫、谢甫青科、托尔斯泰、高尔基、马雅可夫斯基，以及爱国史诗《沙逊的大卫》和《伊哥列夫征伐记》。

江加尔歌者享受着卡尔美克人民的很大的尊敬。他们是卡尔美克民族的不朽创作——英雄的史诗《江加尔》的保存人。

在卡尔美克的草原上，江加尔歌者木库宾、巴山戈夫、达瓦、夏瓦利也夫、安鸠卡、科萨也夫、朱古耳詹、嘉那哈也夫都是家喻户晓的人物。江加尔歌者是卡尔美克共和国中绝大多数的苏维埃诗人。

同文学的发展一样，苏维埃卡尔美克的艺术也有长足的发展。一九三六年卡尔美克国立剧院开幕了，一九三七年举办过歌舞大演出，并开办了音乐学校。民间创作馆、苏维埃艺术家协会和剧院的俄罗斯戏班也组织起来了。有许多天才的青年演员在成长中。

乌兰·李基也娃和那尔玛·爱伦捷诺夫的名字是全卡尔美克所共知的。李基也娃，是渔夫的女儿。她曾在渔场做过喜剧演员，在一九三六年她参加过卡尔美克艺术活动的第一次奥林匹亚德，现在她是卡尔美克剧院的主要女演员之一。

卡尔美克共和国优秀的男演员那尔玛·爱伦捷诺夫，出身于佃农之家，曾经在小学校受过教育，在一九三一年方从七年级毕业。从小他就幻想着要做一个演员，他的幻想终于实现了。那尔玛·爱伦捷诺夫现在卡尔美克国立剧院工作着，他是在这个剧院开办时就参加了的。爱伦捷诺夫是演剧家又是文学家。他曾把莫利哀的剧本译成了卡尔美克文，又译了高尔基的《死敌》和其他许多剧本。

在卡尔美克剧院的舞台上我们看到了莫利哀、席勒、奥斯特洛夫斯基、高尔基、特伦涅夫的戏剧，也看到了当地剧作家的戏剧，如：《在斗争中锻炼着》《准备金》和曼季也夫的《欢喜》、巴山也夫的《秋切》和爱尔得尼也夫的《沙雅赫里亚》。

卡尔美克的诗歌、戏曲、演剧都已进入了向上发展的时期。但在音乐方面还不能这样说。音乐文化刚才在萌芽。青年自修作曲家山季·多尔金创作了一些流行全国的抒情的和爱国的歌曲。但多尔金还要受严格的学习和联邦作曲家方面的帮助。

我们文学和艺术还很年轻。但它们却有着美丽的将来。

苏联的女作家

【编者按】刊载于《中苏文化》1947年第18卷第3期，署名亚克。原作者为U. 密尔斯卡娅和M. 斯枚里亚诺夫。

在苏联的文学生活中妇女作家占着显著的地位。一些斯大林奖金的获得者就在苏联国境以外也为人所周知，如安娜·安东诺夫斯卡亚，望达·瓦西列夫斯卡，玛尔加丽达·阿丽格尔，维拉·英贝尔。在苏联读者中最为流行的书籍有下列诸人的作品：玛利埃塔·莎吉孃、安娜·卡拉瓦也娃、奥尔加·佛尔士、维拉·潘诺娃、加琳娜·尼古拉也娃以及其他等人。

我们这里所讲的是属于最不同世代的女作家的名字。如果她们之中年龄小的还只三十岁，那么年长的，像莎吉孃和佛尔士，已经庆祝过自己文学活动的四十周年了。

我们进一步来认识一下某几个苏联女作家的生活和创作。

M. 莎吉孃

玛利埃塔·莎吉孃是莫斯科大学教授的女儿，远在十月革命以前她已经发表她的诗了。在一九一〇年和一九一二年出版过她的最初的诗集。在苏维埃政权之下她依然是很杰出的女作家。

她的作品中最著名的是她的长篇小说《中央水力站》。这是关于伟大的社会主义建设最初的作品之一。小说里描写的是一九二八年亚美尼亚山地的情形，在那里利用山川廉价的动力建设了一座水力站。这部小说很好地表现了苏联的工业建设，它一共发行过十版以上。

在《中央水力站》不久以前还出版了莎吉孃的长篇《自己的命运》和中篇《转变》。第一部作品正是在十月革命的时候写成的。它里面写的是革命以前一部分骚乱潦倒、没有走上革命道路的知识分子。在一九二二——二三年写成的中篇《转变》里，女作家描绘了一幅顿河上的国内战争的图画和那些白卫军的讽刺的肖像。

在写艺术作品的同时莎吉孃还写了许多报告和通俗的科学著作。她特别写了许多关于苏维埃高加索，主要是关于她的故乡亚美尼亚的报告文学。此外她还写过关于文学的论文，音乐批评，象征主义作风的短篇小说。在十年前出版的《日记》中莎吉孃描写她走向新的社会主义生活的艰苦的路程。她改换了许多职业，经过了多番的考虑，才转移感情投到文学方面来。而在这里她并没有立即找到她的地位。她写了第一部大的苏联侦探小说《梅斯·蒙德》，一些统计经济的著作，许多关于艺术的杂志论文。

莎吉孃越往后越来同十月革命接近，理解它不仅对俄国人民，而且对整个劳动世界有着伟大的意义，她成为这个革命的歌颂者。

莎吉孃真实的作风表现在艺术评论这种文体上面。她异常扩大了这个文体的本身理解。这位天才的女作家，她同时也是一位研究家，旅行家，经济学家，地理学家，计划编组者，社会学者。她周游过全国——从外高加索到北极圈外，并使读者们认识了国家经济与文化重建的伟大图画，指示出了创造新生活的苏联人民的英勇。她的书可以公正的称之为劳动与科学发明的诗歌，自然改造的诗歌。

在战争期间，莎吉孃写了下列一些著作：一部关于劳动的乌拉尔的书——《乌拉尔在防御中》，关于战争初期防御莫斯科的《莫斯科日记》，一些最古老的俄国学者们的卓越的描绘，关于伟大的乌克兰诗人谢甫青柯的博士论文以及关于天才的亚塞尔拜然诗人尼萨米的论著[1]。

V. 英贝尔

维拉·英贝尔创作生活的开端比莎吉孃更要艰难。她曾经长久地寻找自己的"太阳下的地位"——女作家在她早期的自传小说中这样称呼。英贝尔写了许多部诗和散文的集子，在这些书里她表白了自己的无助和女性的柔弱。她的声音一年比一年坚强了，然而还不够确信。英贝尔的淳朴的、渗透善良情感的书没有广大的读者。只在爱国战争的年头，当英贝尔自愿趋赴被围的列宁格勒，她的诗歌才成了当代人士所十分需要的读物。列宁格勒前线的士兵们以及全国人民都很欣赏英贝尔的诗。她的诗《普尔科夫子午线》（与她的《列宁格勒日记》同获斯大林奖金）印了许多部头，受到了最广泛的读者层的很高的评价。

苏维埃的现实在每个人的面前打开了精神增长和发展的无限可能性。上述两部自传小说的教育意义就在这里[2]。

---

[1]　根据莫斯科无线电广播，她最近又完成了一部作品《五年计划之路》。——译者注
[2]　根据莫斯科无线电广播，她最近又完成了一部作品《当我幼年的时候》。——译者注

A. 卡拉瓦也娃

安娜·卡拉瓦也娃也是旧时代的女作家，她走向近代化的道路是较为平坦的。一个农村的女教师，从小的辛劳者，她早就把自己的命运同共产主义运动联系在一起，并且跟整个苏维埃社会共同成长起来。她最初写的是农民的题材，后来又转移到城市的生活和在革命年代成长起来的苏联知识分子的生活状态。俄国历史的题材也很吸引她。

卡拉瓦也娃的第一篇小说发表在一九二二年新西伯利亚出版的《西伯利亚之火》的杂志上。这位女作家得到普遍承认的第一本书是中篇小说《金钥匙》，出版于一九二五年。这是一部描写十七世纪末参加阿尔泰边区最初的工厂劳动的农奴生活的历史作品。卡拉瓦也娃描写了工人们的非人生活、饥饿、拷打、强制劳动、破烂房舍、工人们可怕的死亡率；而与此种情形并列的是厂长和卫戍队长的无忧无虑的饱暖的生活。小说的结尾描写官宪对于由工厂逃跑的工人们的惩罚。

一九二九年出版的卡拉瓦也娃的长篇小说《森林工厂》，有了新的苏维埃工业建设的主题。工业建设给边区的生活中带来了文化，并且改变了它的面貌。这部小说发行了十版以上。

工业的题材，一般地，在卡拉瓦也娃的创作中占了很广泛的地位。

社会主义竞赛，以及在苏维埃生产发展中的它的有力作用的主题，反映在卡拉瓦也娃的长篇《危险阶段》、中篇《监督员杂记》和《行吟诗人与苹果》各书里面。这些作品都是在第一次斯大林五年计划的年代中写成的。除了上面列举的几部书之外，卡拉瓦也娃还写了一些长篇、中篇和短篇的小说。

在伟大爱国战争年代，卡拉瓦也娃写了一部长篇《火》——描写的是乌拉尔人参加战争，后方军事工厂的建设，以及青年与妇女在这个建设中的作用。一九四二年女作家出版了一部短篇小说集，叫做《粘土制的小公鸡》，这里大部分小说写的是捷克斯拉夫在与德国侵略者斗争中的爱国运动。这些小说给反德运动中的捷克活动分子画出了显明的肖像。

安娜·卡拉瓦也娃也是一位尖锐的政论家。她的论文常常出现在中央报纸的篇幅上，并且永远以其确信和社会意义引起了热烈的反应。

卡拉瓦也娃是一位世界反法西斯运动的显著的活动分子，好几次国际作家大会的参加者。不久以前，她曾以世界妇女反法西斯运动的苏联代表的姿态前往巴黎。

V. 瓦西列夫斯卡

最高苏维埃代表、著名苏联女作家望达·瓦西列夫斯卡的生活走的完全是另一条道路。一九三九年九月当德国人侵入波兰的时候，她由华沙逃至乌克兰的古城罗夫。在这以前她已经是描写波兰农村生活的许多通俗书籍的作者了。苏联的读者都知道她的长篇小说《大地在苦难中》《日子的面貌》《祖国》。一位波兰的女革命家和女作家，她在苏联找到了第二故乡。在这里她的天才得以繁荣发展，在这里她写了一部关于苏联人的坚定与毅力的书——长篇小说《虹》，和关于苏联人的道德面貌的中篇小说《爱》。这两部书都荣获斯大林奖金。中篇小说《爱》以其崇高的感情及其薄情的残酷的现实主义感动了苏联的读者。女作家对自己的读者们没有丝毫的隐藏，她指示出了战争所带予人的最严重的震骇。这部书赞美一个普通的苏联女子，她的爱为了纯洁与崇高的感情克服了一切的诱惑。

M. 阿丽格尔

玛尔加丽达·阿丽格尔已经是代表苏联女作家第三代的人物了。她是第一位女诗人，她的创作曾荣获斯大林奖金。

阿丽格尔在苏维埃政权的年代已经成长并形成公民和作家了。在战前她出版了几部抒情诗集；她的洞察的、充满诗情的诗在文学界很受欢迎。但在战争期间她才体验到真正人民的呼声。一九四一年秋天，女诗人的丈夫在前线牺牲了，战争使她同亲友们别离。她把那些日子的悲剧的经历写在抒情诗集《喀山杂记》里。少妇的苦难并没有挫折她的性格。表达出了自己的痛苦，她却高兴在这个痛苦之上，勇敢地继续她的诗人的事业。阿丽格尔写过关于索维·科斯莫捷姆阳斯卡亚（即丹孃）——在德国刽子手面前决不畏缩的英勇的苏联少女的伟绩的诗歌（这本著作曾得过斯大林奖金）。这篇诗成了全国文化生活中一个大事件。女作家并非单纯地叙述丹孃的功绩，她解释这个功绩不是偶然的，而是由这位女英雄的全部精神发展，她对少共的职责，对祖国的热爱，对生活中人的使命的理解所决定的。利用这个题材阿丽格尔写了一个剧本《王子的童话》，这剧本正在全国许多戏院上演着。

V. 潘诺娃

下一代的苏联女作家卓越地表现为爱国战争的直接参加者。在大多数的场合，这些是富于生活经验的二十至二十五岁的少女，她们的经验即是她们创作的题材。在她们之中不少真正有天才，发誓要将来多多创作的人。在战时露头角的女作家中占着最显著地位的有散文作家兼剧作家维拉·潘诺娃和诗人兼散文家加琳娜·尼古拉也娃。

维拉·潘诺娃远在战前就开始在省区出版作品了，她的中篇小说《同路人》在《旗帜》杂志上发表之后，她受到广泛的喝彩。这篇小说使读者认识被战争趋合在一起的、在完成前线路程的医疗列车中的一些普通的苏联人的命运。《同路人》是接近前线生活的珍奇的记事。但心理学家与肖像描绘家的潘诺娃在自己思想形象化的过程中，完全站在单纯的事实真理之上。基于作者直接的印象，可以说，这篇严格文献体的小说《同路人》成了普通苏联人士的特性的历史了。

K. 尼古拉也娃

加琳娜·尼古拉也娃的诗歌可以使想认识苏联人的天性和世界观的特殊性的外国作家有很多的了解。以医生的职业在战争最初的日子即赴前线工作，直接参加了斯大林格勒的战斗，尼古拉也娃用她称为《穿过火线》的抒情诗以及自传小说《军长之死》叙述了她所目睹与经历过的情形。

这里我们只讲到了不多的几位苏联文学界的女性活动分子，但是这些粗略的叙述可以使大家认识她们的大才是如何多样性与有成就的了。

柏林斯基论普式庚 ①

【编者按】刊载于《中苏文化》1947年第18卷第1期，署名亚克。

普式庚的诗对于俄国的现实是异常忠实的，不管它表现的是俄国的自然或是俄国的本性；因此一般人称他为俄罗斯民族的人民诗人……

——《普式庚的作品》

普式庚被称为古俄罗斯的第一个诗人艺术家。

——《普式庚的作品》

普式庚是他那一时代的全般的表现。禀赋着接受和反映一切可能感觉的崇高的诗的情感和惊人的才能，他屡屡尝试了他那一世纪的一切音调、一切和谐、一些协调；他注意到一切伟大的当代事件、现象和思想，注意到当时俄国仅能感觉到的一切，当时的俄国已不再相信"由那些伟大天才的文书中所引出来的永恒规律的真确性"了，并且惊奇地认识了其他的思想和理解的世界以及她前所未有的，对她久已熟悉的事件观察。人们说他似乎是在模仿着社内、拜伦和其他诗人，那就有失公平：拜伦对于他不是一个典型，而是一种现象，时代思想的统治者，而我曾经说过，普式庚注意了每一个伟大的现象。是的，普式庚是他那一个时代的世界的表现，他那一个时代的人类的代表；但世界是俄国的，

---

① 普式庚，现在通译为普希金。

人类也是俄国的。

——《文学狂思》，一八三四年

像魔术师一般，他在同一时候夺取了我们的欢笑和眼泪，任意地玩弄我们的感情……他歌唱，而古俄罗斯是多么为他的歌声所惊愕；这并不奇怪：她从来没有听见过那种类似的声音；她是多么地贪欲地在谛听它；这并不奇怪：她的生命的全部神经都在这些声音中震栗了！我记得这个时代，幸福的时代，那时候在省的偏僻地区，在小县城的偏僻地区，在夏天的日子里，这些"酷似波涛怒吼"或"小河潺潺"的声音由敞开的窗户里腾空而去……

——《文学狂思》，一八三四年

作为一个真正的艺术家，普式庚并不需要为自己的作品挑选诗的题材，对于他一切题材都同样可以制成诗篇。譬如，他的《奥涅金》，不仅由它的全部诗趣，就是以它的全部散文来看，虽然它是用诗句写成的，是一篇当代现实生活的叙事诗。这里有幸福的春天，炎热的夏季，多雨的秋季和严寒的冬天；这里有京城，有农村，有京城的豪华的生活，有和平的地主的生活，地主们之间所作的无味的谈话永远是关于刈草，关于酒，关于犬舍，关于亲友。

这里有空想的诗人林斯基，有琐碎的争论家和饶舌家萨列茨基；忽而在你面前出现了多情的女人的漂亮面孔，忽而是酒店仆役的睡眼朦胧的嘴脸，他正手执扫帚打开咖啡室的门，——他们都是每人以自己的美丽充满了诗篇。普式庚不需要到意大利去看那些美丽的自然界的图画：美丽的自然界已经在他的笔下了，在古老的俄罗斯，在她那平坦而单调的草原上，在她那永远灰色的天空之下，在她那悲苦的农村和她那富庶与贫穷的城市。对于以

前的诗人们是低下的东西，对于普式庚是高尚的；对于他们是散
文的，对于普式庚却是诗。

——《普式庚的作品》

当高加索的这些活泼、明朗、富丽堂皇的图画第一次出现在
诗的世界里的时候，该是给了俄国的公众以怎样的一种作用呵！
从那时候起，由普式庚轻松的手笔，高加索对于俄国人变成了不
仅是一块广阔安乐意志的，而且是取之不尽的诗的宝贵的国土，
盛旺生活和勇敢幻想的国土。普式庚的诗神很久以前就已经在事
实上使俄国同这个用她的儿女们宝贵的鲜血和她的英雄们的丰功
伟绩所购得的边疆结成了血统的关系。而高加索——普式庚的诗
的摇篮——后来也成了莱蒙托夫的诗的摇篮……

——《普式庚的作品》

他在自己的诗里能够接触那么多，暗示那么多专属于俄国自
然界和俄国社会的事物！——《奥涅金》可以称之为俄国生活的
百科全书和高度的人民创作。这部叙事诗被公众那样狂喜地接受
并对于它同时代的以及后来的俄国文学有那样巨大的影响，这会
奇怪吗？而它对于社会风习的影响呢？它对于俄国的社会是一种
意识的现象；差不多是使俄国社会前进的第一步，但那是多么伟
大的一步呵！这一步是英雄的一个动作，而经过这个动作之后，
要停留在一个地方已经是不可能的了……就让时代开步走并伴来
了新的要求，新的思想，就让俄国的社会成长并超过了《奥涅
金》：无论它走得多远，但它永远要喜爱这部诗，永远要对这部
诗给以充满爱情和感谢的观赏……

——《普式庚的作品》

普式庚的功绩是伟大的，他在自己的长篇叙事诗里第一个有
诗趣地复制了当时的俄国社会，在奥涅金和林斯基的人物中表示

出了它的主要的即男性的方面；但我们的诗人在另一方面的功绩也是很高的，即他第一个有诗趣地在塔琪亚娜的形象中复制出了俄国的女子。

——《普式庚的作品》

在《波利斯·戈都诺夫》之前，俄国的读者或俄国的诗人和文学家中有谁能够懂得在大彼得以前的时代俄国人在剧本里应当使用何种言语呢？

——《普式庚的作品》

庇蒙和葛利戈里的对比的两种性格被描写得异常之好……看么，这是两种纯粹俄国人的和那样对立的两种性格的最真实、最俄国式的表现的事实……庇蒙关于世界的空虚和隐居生活的优越的冗长的独白——可称之为完璧！这里有俄国的精神，这里有古俄罗斯的气味！没有谁的或任何的俄国历史能够给予俄国生活精神的那样明显活泼的观察，像隐居者的这个纯朴、直率的议论一样。《在模仿修道院劳动中》找寻安静的恐怖的伊凡的图画，费奥多尔的性格及其死的叙述——这一切都是艺术的奇迹，在大彼得以前的时代的俄国生活最逼真的形象！这全部优美的场面，它本身就是伟大完美无缺的艺术作品。

——《普式庚的作品》

又有谁不晓得普式庚的佳作《大彼得的宴会》呢？这是一部高超的艺术作品，而同时又是一首民歌。我们准备拜倒在诗里的这种国民性之前；我们向这个爱国主义表示崇敬……

——《普式庚的作品》

这是怎样的诗句呵！在它里面古代的造型美术和严格的单纯跟浪漫的韵律的魅人的游戏结合在一起；全部音响的丰富，俄国语言的全部力量在它里面都表现得异常充满：它像波浪的荡漾

277

般的细软，愉快，柔和，像树脂般的韧性和浓密，像闪电般的明亮，像水晶般的透明和洁净，像春天一般的芬芳和馥郁，像英雄手中的创制一般的坚强和有力。它里面有诱惑的难以表现的魅力和优美，它里面有灿烂的闪光和温暖的滋润，它里面有语言和音韵的旋律和和谐的全般丰富，它里面有一切甜美，一切创作幻想，诗情表现的欢喜。如果我们想用一句话来说明普式庚的诗的特征，我们就要说这是优越的诗趣的、艺术的、美术的诗句，——由此我们解答了普式庚的全部诗的感情的秘密。

——《普式庚的作品》

普式庚的诗的一般色调，特别是抒情诗的，是人的内在美好和怀抱着情爱的人道主义。我们再加上一句，如果一切人类的感情已经是美丽的了，它是人类的（而不是兽类的），那么普式庚的一切感情还更要美丽，即是"美的感情"。我们这里理解的不是诗的形式，普式庚的这种形式永远是高度美丽的；不是的，在他的每一篇诗的基础上的每一种感情，它本身都是美丽的、优雅的和圆熟的：这不是单纯的人的感情，而是作为艺术家的人的感情。在普式庚的全部感情中，永远有一种特殊高贵、温暖、细腻、芬芳的优雅的东西。因此，读他的作品可以在其中优美地使人受到教益，而这种阅读特别对于男女两性的青年人更有裨益。没有一个俄国诗人能像普式庚那样作为青年的教育者，青年感情的教化者。他的诗不是一切幻想的、空想的、虚伪的、透彻理想主义的：它全部充满了彻底的现实性；它并没有给生活的脸上涂了白粉和胭脂，而只表示出了它的自然的真实的美丽；在普式庚的诗里有天空，但他永远脚踏着土地。

——《普式庚的作品》

没有，绝对没有一个俄国的诗人能像普式庚那样给自己获得无可抗争的权利，作青年、壮年甚至老年（如果在他心理美的人类感情还没有死的话）的读者们的教育者，因为我们不知道在古俄罗斯在天才的伟大方面还有像普式庚那样更"守道义"的诗人。

——《普式庚的作品》

白俄罗斯诗人——杨卡·库巴拉

【编者按】刊载于重庆《文学月报》1940年第1卷第3期，署名亚克。译自 VOKS 通讯稿。

优秀的白俄罗斯诗人杨卡·库巴拉（伊凡·多米尼可维奇·卢策维奇）生于一八八二年。他的父亲是在由地主租来的土地上从事农业的。库巴拉没有能力进小学，只跟着他的裸母学会了俄文。后来他读完了乡村的国民学校。

在一九〇一年以前库巴拉经营过独立的农业，后来又做过杂役，并从事于文学工作。从一九〇九年到一九一三年，他在彼得堡学习普通教育课程。从一九一一年到一九一五年他编辑过白俄罗斯的报纸。

从一九一五年起，库巴拉一直住在明斯克^①，并在那里工作。

一九二五年，当举行诗人创作底二十周年纪念时，白俄罗斯共和国政府赠送他以民众诗人的称号。同时他还是白俄罗斯科学院底会员。

杨卡·库巴拉底文学工作是从一九〇五年在《西北边疆》报上开始的。

一九〇八年出版了库巴拉底第一本诗集——《风笛》。关于小农和贫农底困苦底描写，占了这个诗集底中心地位。

---

① 白俄罗斯京城。——译者注

他的第一个时期的创作底基本典型，是困苦的、被虐待的和憎恨自己环境的贫农，就是反抗地主剥削者和警察的贫农底典型。

库巴拉那时在自己的作品里面，处处同情农民底悲苦的命运，并抗议对农民的压迫和摧残，抗议地主的占有土地和专横。在那个时候，库巴拉底作品底主要意向已经倾向于白俄罗斯贫农底民族解放底要求了。

库巴拉底政治理想在《风笛》时代还没有十分发展，在他的创作中占重要地位的《自由》，还是抽象的很。

在白俄罗斯革命运动高涨的年头，诗人克服了失望，并在自己的诗集里，一切都针对着广大的群众，把自己的理想底实现和他们的革命斗争联系起来。这时候，也正是库巴拉底戏剧创作底最繁盛的时期。他的戏剧，像对地主剥削者的抗议那样，也充满了对劳动大众底困苦生活的严重的社会的抗议。

这样库巴拉便成了白俄罗斯革命运动底弹奏者和民众诗人了。

在他一九一三年出版的诗集《拆散的巢》里面，正表现了诗人创作的这种特点。

当一九一七年革命的时候，库巴拉看出了白俄罗斯农民底解放和白俄罗斯国家底繁荣底保证，是有赖于苏维埃政权底巩固。从这时起，诗人就紧密地接近了苏维埃的现实。

在《去吧，你，像那荒唐的噩梦》这首诗里，库巴拉反对旧的白俄罗斯的农村，而赞美集体农场，歌颂着"十月"底胜利：

去吧，你，古老的农村，
像那白昼荒唐的噩梦。
你的孩子们弃绝了惊骇，

毁坏了生锈的锁镣，

走向别的命运和光荣。

你的那些沉默的人们

带着异样的思想走到山中，

和着那异样的器械底响声。

极度劳苦和险恶的工作

再不会伤害他们的心胸。

你的孙子不再背起背包，

像那大草原上绝望的乞儿

去寻找避难所和住屋。

旧日的阴郁的废墟，

像暴风雨中的灰尘一样消散了。

你那隆起的静寂的坟头，

在那里睡着奴隶、英雄和公侯。

钢铁挥动着，好像刀子切羊肉，

太阳燃烧着，期望

在那沃土上生长起谷物。

在原来的寺院和围墙底土地上

繁荣底发育着集体农场。

在万道光芒底照耀下

电灯光代替了

照明松和油灯底微光。

你那芦笛底悲鸣

掩不住拖拉机隆隆的响声。

你的农夫已不再

辛苦地走那辽远的狭路

靠着十字架低声呻吟。
摩托车打倒了
你的腐朽的木轮车，
而你那秃顶的刈草人
也用机器代替了
自己用惯的镰刀。
姑娘们晚上不再
催眠地去弄亚麻，
自有机器会带着我们，
所有的集体农民，劳动者——
丝绸，麻布和罗纱。
无线电打破了
你的古旧的偏见，
用快乐的歌唱，高声的长谈
它吹散了松林里和尼曼河① 边的
不变的瘴气乌烟。
水妖和森魔在长夜里
已不再威吓着村庄。
水妖死在软泥底下，
房子里扫除了蜘蛛网，
由窗户透进来春日的阳光。
在你那教堂底小塔上面
透出了新工厂底烟囱，

---

① 尼曼河（Nieman）发源于白俄罗斯，流入波罗的海。——译者注

塔里面又空又黑

再听不见教堂的钟声，

听到的只是汽笛在唤人们上工。

无论是你的孩子或是祖父

他们永久地亲近了新的生活，

还有温暖的新的快乐。

他们都了解那伟大的胜利，

我们的十月革命底胜利。

你去吧，古老的农村，

像白昼荒唐的噩梦。

你的孩子们弃绝了惊骇，

毁坏了生锈的锁镣，

走向别的命运和光荣。

在诗歌技术底高度方面，在语言方面，在主题底变化方面，在关于各种民间传说、民谣、故事底高度的形式化方面，白俄罗斯的文学史上没有人能比得上库巴拉的。库巴拉底文体底特点，是内在的韵律底不断的使用，这种韵律对于他的诗增加了特殊的声调和音韵的浮雕。

库巴拉也是一个著名的翻译家，他把波兰文和乌克兰文的诗歌大量的译成了白俄罗斯文。他翻译了他所钦佩的作家们，如俄罗斯的涅克拉索夫和乌克兰的谢甫青科等人底作品。

使用着可两错夫底描写农民生活和劳动的手法，库巴拉并未忘却那残酷地被剥削的人们底劳动。由于诗人底环境所引起的悲哀，对于光明的未来底幻想，暴露性的讽刺，向着斗争的呼唤——这一切常常是充满了强烈的感情。

但这比起白俄罗斯的民间创作——首先是民谣，所给与库巴拉的影响来，还算不了什么。

不仅在他的诗底音乐的构成上和民谣有关，就是他的文体的特征也是同样的，对于自己的思想，自己的歌曲，自己的心情的不断的变换，在他的抒情诗里，充满了活泼的、有时很深奥的戏剧的对话。

库巴拉底诗歌作品底句脚底特点，不是一种简单的重复，而是不仅适合缀音法，且适合情绪反应方法的一种新的变化。库巴拉底诗底韵脚，有时是由同一作品底韵脚所直接确定的。

库巴拉也是一个卓越的抒情诗人。由于他对民歌小调、传说、轶话和故事的研究，使他有叙事诗的创作。他经常描写的一些形象，是把俄罗斯的朗诵诗人、独弦琴弹奏者、盲目诗人和一些戏剧上的登场人物，还有由民间传说中引出来的如水妖、魔女、森魔之类。

在革命的那几年出版的两本诗集里，库巴拉底作品得到了一种新的力量，而以政治抒情诗底姿态出现了。艺术家的库巴拉创造了新的、纯朴而明确的技术底典型。

在《奥列沙河上》这首诗里，诗人描绘出了一幅旧波列斯野 ① 底生活和新白俄罗斯底图画：

在枯朽的树身上
乌鸦垂下了自己的长嘴……
波列斯野梦见了

---

① 白俄罗斯地名——译者注。

以往的年月。
沼泽辽远地伸长着
漫漠无边，
到处是腐败的污泥
芦苇和菅……
人们在那里走着
（非常吃力地）
在那里呻吟着泥沼，
广阔的墓穴。
野兽在徘徊
天上聚集了乌黑的云块，
唧咕的鸟鸣
和着瑟瑟的蛇行。
不安的寂静呵……
熊的窝……
麋鹿偷偷地
走上大路。
野猪出来了，
在它们后面跟着狼的足迹……
秋野漫步在
那荒凉不毛之地。
……
一声嘟嘟，两声嘟嘟
敏捷的车头在号呼，
一车接一车
忙着在运输。

小货车沿着

铁轨奔跑

打从同一公社

直奔向"松林"——国营农场。

那并非戏言，也不是说笑——

为了帮助经济发展

人们敷设了

自己的铁道。

……

在奥列沙河上

短短的时期——

踏平了沼泽

由北到南，由东到西。

……

在旧的社会里，

度过了终身……，

新时代乘着轮船

来到了波列斯野……

　　库巴拉底作品对于十月革命后的新诗人有很大的影响。他的诗在白俄罗斯的文学语言底发展上具有极大的意义。白俄罗斯文过去对于传达极细微的变化、意义和感情上还不够丰富，需要在丰富语汇方面有更进一步的发展。利用着民族语底独特的知识，库巴拉把很多新的字引用到白俄罗斯文里面来，它们就像飞快增长着的白俄罗斯人民底文化生活底自由的、自然的和有机的表现一样地被接受着。

苏联文学家和艺术家的战后工作计划

【编者按】刊载于《中苏文化》1947年第18卷第3期，署名霍应人。译自苏联新闻处特供稿。

苏联情报局的通信员曾征询一些苏联的作家、作曲家和艺术家，关于他们战后的工作计划。我们的通信员收到了苏维埃艺术最杰出的代表们的如下的答复。

——葛兰德柯甫斯卡娅识

作曲家 D. 萧斯塔可维奇：我在写作歌剧《青年近卫军》

爱国战争的伟大事件，人民生活体验的情绪，在苏联作曲家面前摆下了深思的创作的任务。

将苏联人——恐怖战争的胜利者的精神在音乐中加以形象化——这就是迷人的和荣誉的创作道路，我与所有的苏联音乐家一起就是沿着这条道路前进的。

在一九四六年夏季完成了第三四重奏曲之后，我就根据法捷耶夫的长篇小说开始制作《青年近卫军》歌剧。

我仔细研究这部卓越的文学作品，在这个作品里面由显明艺术的形象表示出了含有巨大的生活和道德力量的苏联人的美点。

法捷耶夫的英雄们是新的世界、自己国家和自己命运的年轻的主人，他们深信苏维埃国家及其生命基础的巩固卓绝。

我要用音乐的手段将法捷耶夫作品的全部伟大和美丽传达出来，使我写的歌剧《青年近卫军》能在观众心目中产生一种高傲的情绪来拥护苏联人民，它的一切伟大和优美的思想，期望和创造力。

作曲家 S. 普罗柯菲耶夫：我在完成第六交响乐

战争结束时我的首批工作之一就是有关这一事件而写的颂歌。编制成管弦乐的《战争结束颂歌》是不普通的：由管弦乐队中除去了提琴、中音提琴、低音提琴，而代以八个竖琴和四个钢琴。此外，罐鼓和钟都为独奏乐器。《颂歌》一开始是壮烈和庄严的；以后随着有力性格的插句——这是复兴和建设的主题；再下去由临近的静寂逐渐发生完全增至终曲的欢乐奋起的主题，这个终曲我称之为《敲击钟鼓》。

一九四六年我的主要工作是舞剧《佐鲁士卡》中的三个交响乐的组曲、《华尔兹》交响乐组曲、《战争与和平》的新心像、提琴和钢琴的奏鸣曲以及第六交响乐。

舞剧《佐鲁士卡》中的交响乐组曲并不是单纯的曲目的机械组合——我把它多方面加以从新制作，并给了更为交响乐的形式。例如，如果某一种主题要在舞剧不同的各幕里表现，并在每一幕中它又重新要加以说明，我就把这整个材料统一成为一个组曲的曲目，这样，在这个曲目中这种主题的逐渐发展是明显的。《华尔兹》交响乐组曲是由我的歌剧《佐鲁士卡》中的三个华尔兹、《战争与和平》中的两个华尔兹和《莱蒙托夫》影片中的一个华尔兹所组成的。

不久以前我写成了歌剧《战争与和平》的新心像（它是歌剧

中顺列的第二个）。这个心像描写一个舞会，在这舞会上的娜塔莎·罗斯托娃最初与安德烈公爵跳舞，并且他在忖度娜塔莎将来会不会做他的妻子。这幕剧是在波浪涅兹、玛苏尔卡、华尔兹、埃珂塞兹 ① 与旧俄国诗人洛莫诺索夫和巴秋式科夫的一些诗句的合唱的背景上进行的。由于这个心像在歌剧开始表演，我能够利用舞会的场面，借助于由列甫·托尔斯泰的小说中所取出的辛辣的对话，即客人们所交谈的对话使观众认识那些登场人物。因为小说中的人物的数目很多，这种手法可以帮助观众认识小说中的主人翁。新的心像包含在列宁格勒小歌剧院《战争与和平》的上演中，这个剧一九四六年六月在列宁格勒初次上演。

小提琴奏鸣曲我在一九三八年就开始计划了，在长久间歇之后我才恢复制作，这期间我又写成了第二奏鸣曲。

第六交响乐共分三个部分。我已经写成了这个交响乐，现在我在准备完成它的乐器编组法。交响乐的第一章——表示不安的性质，有些地方是抒情的，有些地方是壮烈的；第二部——缓慢（Andante）——是更明朗和美丽的。终曲——快的和长调的，在性质上接近我的第五交响乐的终曲，如果不是第一部里有壮烈共鸣的话。

作家 I. 爱伦堡：我在准备长篇小说《暴风雨》

我正在写一部长篇小说《暴风雨》。在这部小说中我要表现一些普通人在暴风雨年代的命运，不仅是表现他们的行动，而且还有他们的心灵世界；说明人们怎样经住了考验。

---

① 皆舞曲名。——译者注

小说的活动开始于一九三九年夏季，结尾于一九四五年夏季。我们胜利的经济的和战略的原因已由专家们阐明了，我想，作家的责任是要指出胜利的心理的原因——人们的精神的力量。

小说里的事件有的发生在苏联，有的发生在法国。我要指出苏联在欧洲的解放和精神复兴中起了怎样的作用。

我已经写成了十个印刷页[①]。全书的篇幅共计三十个印刷页。

在战后访问过罗马尼亚、保加利亚、南斯拉夫、阿尔巴尼亚、捷克斯拉夫和纽伦堡之后，我写了一部短篇小说集《战争的道路》。在这部书里我叙述了欧洲斯拉夫人民在反抗法西斯主义斗争中的作用，这些人民的文化和民族的独创。《战争的道路》是我在访问过的那些国家以及莫斯科《苏联作家》和《小火花》出版局出版的。

从美国参加中央报纸编辑人的国际大会回来之后，我访问了法国，我写了一些关于这些国家的报告文学。

剧作家 V. 索洛维耶夫：揭露胜利奥秘的剧本

在瓦赫坦戈夫剧院初次上演了我的新剧本。

剧本的内容开始于爱国战争的初期（一九四一——一九四二年），而结束于斯大林格勒保卫战的时日。剧本的思想是我要指出在我国立国以来最艰苦的时期中的前后方的苏联人物，当时德军已到达莫斯科的城边，到达伏尔加河沿岸，并到达高加索山地。

在这个剧本里我希望表现苏联人的那种精神力量，不顾战争

---

① 每一印刷页为全开报纸一整张。——译者注

初期的失利、生活的异常艰苦以及后方工作的困难，苏联人一刹那都没有失掉过这种力量。正是它，最后才说明了我们胜利的奥秘。我的剧本里出现了各色各样的人物：从将军、前线指挥官到前线的普通战士，从撤退的工厂的苏维埃工程师到这个工厂的工人。对自己苏维埃祖国的热爱和在战争中帮助他们取得胜利的铁一般的坚定，团结了他们所有的人。

虽然战争已经结束，在我看来，我的剧本还依然是合时的，因为在它里面表现出了当代的人物，而在战争的时日或和平的时日把他们表现出来对于我并没有大的关系，因为整个事件是包含在他们本身、在他们的品质、在他们的目的里面。

去年我着手写一本关于苏维埃工业化和集体化日子的剧本。这个剧本我预计在今年纪念苏维埃政权第三十周年以前完成。

作家 B. 高尔巴托夫：关于苏联北极的剧本

去年我写了一部关于北极的剧本《北极工作者的法则》，我曾在北极呆过不只一次。最近这个剧本将在莫斯科"话剧"剧院和"列宁青年团"剧院上演。

剧本的主题是在北方艰苦的条件下建设北方港口的北极工作人员之间的相互关系。

在剧本里表现的是各种职业、各种年龄、各种生活、各种趣味和习惯的苏联人，普通单纯的人物。但他们被集体的紧密关系，对一个共同目的的服务团结在一起。

在同一时期我还继续写了一部大的电影剧本《到柏林之路》，主题为战争的最后阶段。

同时我也在继续写一些关于日本和菲律宾的论文。这些论文将出版单行本。

现在我也在继续写我的长篇小说《我的一代》，这小说的情节是描写伟大爱国战争的年代。

诗人 P. 安托珂尔斯基：战后的我的创作

在爱国战争几年间我写了许多诗篇，这些诗篇收集为三本册子，还有两篇叙事诗——《赤卡洛夫》和《儿子》，——以及许多批评和政论的文章。像一些别的苏维埃作家一样，在战时我也曾比和平时期更紧张地工作。

战争的主题，它的资料，它的动人的事件和影响，在苏联艺术中永远不会被吸取完的。它们继续留在我们的议事日程中。但现在，当它们对于成千成万的人变成了历史和回忆的时候，我们的责任是把这种资料不仅利用在一刹那的反应，而且利用在戏剧作品、小说家各色各样的散文、史诗里面。

这一切是从一九四五年五月九日胜利以来二十几个月来我的工作中的主要前提。我写了一篇献给在白俄罗斯进攻开始、聂泊河上游强渡的诗《水边》。我是根据在第二白俄罗斯前线获得的印象而写的，那时这个战线已经比我诗里所写的向前推进了许多：一九四四年秋季在华沙以北七十公里的另一个水界的地方，我才追上我诗中所写的英雄。

另一篇诗（尚未发表的）《雅罗斯拉夫娜》是献给纯真可爱的俄国女子的命运，她们在战争的年头等候自己的丈夫，是终于在胜利的日子等到了他。这里讲的是关于我们的战争，关于我们现代的女性，苏联妇女，而诗的名称和作者的影射会使读者回忆起古老世纪的另一个女英雄——我国中世纪的史诗《伊戈尔王子征伐记》里的雅罗斯拉夫娜来，她也曾等候并等到了自己的亲爱的人。

我最近期间的作品有一篇叫做《母亲的故事》，叙述在战争中失掉儿子的母亲的悲哀，还有一篇反法西斯的诗《绝灭营》——它的意义由题目的本身可以看得出来。

所有列举的东西都与我战时的诗圈紧密地结合着。它们都是与战争有关的。

我应当把另外一部著作也归入于此种工作：还在一九四五年我就开始写的关于我所敬爱的诗人和思想家亚历山大·布洛克，关于他的创作道路和个人生活的书。现在这部书的三分之一已经完成。

我此刻和最近的几天、几星期、几个月到底做些什么呢？——这个问题回答起来不很简单。真的，抒情诗人的书，这是他的日记，其中有个人和社会平行编织的"新消息"。

在我的新的抒情诗集里有上面列举的事物，也有我在考虑要做的事物。这个新的事物回返到我的旧的主题，关于资产阶级的西方的主题，苏联人与资产阶级"文明"及其新的丑恶长久以来的诉讼。我们每个人都有足够的材料以继续这种诉讼！当然，这将是诗。它们可以成为比那种现代的短诗和嘲骂诗（Inventive）更短的诗的小说，即是类似诗歌形式的公诉状。

新诗集的其余的内容完全靠着它的日记的特征，即是最后靠着我符合时间需要和灵活反应它们的能力。我相信这种能力直到我死都不会离开我的。

画家 P. 索科洛夫－斯卡里亚：我在战后描绘战争的题材

现在我在画依次表现战争各个阶段的连环画。

在头几幅画里我要表现战争的开始，那时我们的军队被迫后退。这个连环画是以体现祖国形象的《母亲》那幅画开始的。

以下接着是《老人的故事》一幅画——油画，在这画上显示着哥萨克的斥候来到了莫斯科附近的村子，那里在焚毁的废墟中留下一个老人和一个少女，她叙述德国人所施行的恐怖。

我在画新的大幅画之一——三联画现陈列在红军博物馆中。

在中型画布上所作的三联画叫做《兵士的刚毅》，表现苏联英雄玛特罗索夫的功绩。在观众面前是一位用自己的身子掩盖着炮门的英雄的尸体。

在三联画的右边是斯大林格勒保卫战的英雄之一巴甫洛夫，由焚烧着的房子窗口向外射击。

最后，在三联画的左部画着《工兵萨佛诺夫》。在这画上表扬一位工兵，他一夜间发现并销毁了三千多个地雷，因此为军事运输队肃清了攻击的道路。

以下的连环画是表现战争史中伟大的急变——我国军队在莫斯科、斯大林格勒、佛罗内兹、诺甫罗西斯克、塞巴斯托波尔附近给予敌人的决定性的打击和我们胜利攻势的开始。

这幅连环画包括：《卡卢加的战斗》《红顿河人》《塞巴斯托波尔的风暴》。

连环画的结尾为《攻占柏林》。在这块画布上我要把我国军队进入德国首都时的历史性的"平静的最初几分钟"永久铭记上去。在五年战争的恐怖交响乐之后，忽然武器沉默了，静寂来到了……在地平线上显出了德国国会的建筑物。在街头和广场上走着战败的德国人的无尽的行列。

画家 K. 尤昂：我在画俄罗斯的风景画

祖国，俄罗斯，在劳动和战斗中的俄罗斯人，俄罗斯的风景——这是我的创作的永恒可爱的题材，我为它曾经给出了而现在依然给出我的全部力量和紧张工作的岁月。

战后我画了一张《红场焰火》。这画现陈列在特列且科夫画廊中。

这幅装饰画是用显明的色彩画制的。焰火的五光十色的星星，划开了深蓝色天空的探照灯的光线给了克里姆林高塔和画面显明的瓦西里大教堂以新的庄严的面貌，奇妙地照耀着在胜利日狂欢的莫斯科人群。

为莫斯科建都八百周年纪念（一九四七年四月）展览会我在画一幅《处女地上的人民游园》。

同时我在画许多风景画。

在画风景画的时候，我企望画一些充满乐观主义的画，给观众以生活欢乐的感觉。

我的大风景画之一为《俄罗斯的魔术师——冬季》。

和作画同时，我还分出许多时间来作舞台画，以供在小剧场及其他剧院上演古典俄国戏剧之用。

后 记

我早就听学院里的前辈提过霍应人先生，也在学院的宣传展板中看到过他的生平简介，但在着手编著本书之前，我其实对其人其事并不十分了解。我真正"走近"霍先生，缘起于去年参与准备 120 周年校庆的相关材料。

西北师范大学发端于 1902 年创立的京师大学堂师范馆，2022 年是建校 120 周年。为响应学校开展 120 周年校庆的号召，外国语学院将梳理院史列入了重要工作日程。本人承担了部分工作，其中就包括重新撰写各位前辈的简介等等。在查阅有关霍先生的资料时，我注意到他与郭沫若等社会文化名人交集颇多，他的个人经历颇具"传奇"和"悲剧"色彩，他的著述文献也异常丰富。然而，各种公开发表的资料对他生平、贡献的描述不尽一致，矛盾之处颇多，这不免让我心存好奇。因此，乘工作需要之便，我抱着试试看的态度，去学校档案馆查阅他的个人档案，想从其中探出一点端倪。翻阅霍应人先生的档案，阅读他的各类著述，让我对他有了更多了解。这也让我产生了较为详细地梳理他的人生轨迹、较为细致地整理他的著译文献这一想法。

西北师范大学外国语学院历史上有一些名人，比如共产国际一大列席代表张永奎先生，新月派著名诗人、翻译家于赓虞先生，著名戏剧理论家、翻译家焦菊隐先生，著名英美文学研究专家吴伟仁先生，著名英语教学法研究专家李庭芗先生，著名翻译家黄席群先生。与这些名家相比，霍应人先生并不逊色。正如前文所示，他在苏俄文学翻译、新文字推广、世界语传播等领域做出了卓越贡献。不过，受各种因素的影响，他的贡献尚未得到充分重视。这也是本人决定编著本书的重要动因。

编著本书对于彰显霍应人先生的功绩、梳理西北师范大学尤其是外国语学院的历史自然是有意义的。做这件事，毫不夸张地说，也有助于推进中国现代苏俄文学译介史、文字改革史、世界语传播史等领域的研究。

本书最终得以成型，是通力合作的结果。尽管不少文献述及霍应人先生的生平，但各有侧重，且舛误颇多。要较为完整、准确地勾勒出他的生平轨迹，自然不是易事。为此，本人确实费了一些周折。尽管如此，本书中依然可能存在不少舛误，还望方家斧正。霍应人先生的著述文献较多，但大多散见各处。要收集、整理这些文献，自然需要耗费大量的时间和精力。兰州工业学院尹雯老师、兰州市第五十五中学王林琳老师为此付出了艰辛努力。

本书被纳入西北师范大学外国语言文学文库，需感谢学院各位同仁尤其是王景书记、高育松院长、俞婷副院长的支持。

本书也被纳入甘肃省大学外语教学研究会大学外语教学与研究文库，在此向相关领导尤其是研究会副会长、兰州大学外国语学院副院长丁旭辉教授表达诚挚谢意。

本书得以顺利出版，也得感谢编辑刘海涛女士付出的辛勤劳动。

张宝林

2023 年 5 月 30 日

图书在版编目（CIP）数据

霍应人的生平与著译 / 张宝林，尹雯，王林琳编著 . -- 北京：民族出版社，2024.5

ISBN 978-7-105-17264-1

Ⅰ . ①霍… Ⅱ . ①张… ②尹… ③王… Ⅲ . ①霍应人 - 人物研究 ②霍应人 - 文集 Ⅳ . ① K825.5 ② C53

中国国家版本馆 CIP 数据核字（2024）第 112136 号

霍应人的生平与著译

策划编辑：刘海涛
责任编辑：刘海涛
封面设计：金　晖
出版发行：民族出版社
社　　址：北京市和平里北街 14 号　邮编：100013
电　　话：010-58130917（编辑室）　010-64224782（发行部）
网　　址：http://www.mzcbs.com
印　　刷：北京中石油彩色印刷有限责任公司
经　　销：各地新华书店
版　　次：2024 年 5 月第 1 版　2024 年 5 月第 1 次印刷
开　　本：880 毫米 ×1230 毫米　1/32
字　　数：240 千字
印　　张：9.75
书　　号：ISBN 978-7-105-17264-1 / K·2954（汉 1694）
定　　价：55.00 元